선교사 열전

선교사 열전

윤은수

하드찬파사

추천사

윤은수 박사의 《선교사 열전》은 최근에 소개된 선교사 관련 연구서로서는 탁월하고, 균형이 잡힌 좋은 작품이다. 보통 선교사 관련 책들은 언더우드와 아펜젤러 등 유명한 선교사들을 주로 다루지만, 본 책은 랜디스(Eli B. Landis, 제5강), 리드(C. F. Reid, 제11강), 아담스(James E. Adams, 제14강)와 같은 잘 알려지지 않은 선교사들을 발굴하여 독자들에게 소개하고 있다. 이들 선교사들은 "알려지지 않은 영웅들"(unsung hero)이다. 이분들의 업적을 제대로 파악하는 것은 하나의 위인 연구로서도 그 의미가 있다고 할 수 있지만, 나아가 그분들이 세워놓은 교회에 속해 있는 오늘 우리 위치를 확인시켜 주는 것으로서 매우 뜻 깊은 일이라고 할 것이다. 본 책은 또한 특정한 교파주의에 매이지 않는다. 장로교, 감리교, 성공회, 침례교 등 초기 내한 선교를 담당한 각 교단의 소속 선교사들을 균형 있게 다루려고 노력하고 있다. 오늘 우리는 저자의 노력으로 이 한 권의 책 속에서 다양한 교단의 내한 초기 선교사들을 만나는 행운을 얻게 되는 것이다.

다른 이들이 걸어간 길을 걷는 것은 어렵지 않다. 왜냐하면 앞에 간 사람들을 따라가면 되기 때문이다. 하지만 아무도 걷지 않은 길을 개척해서 걸어가는 것은 몇 배의 노력과 용기가 필요한 일이다. 우리나라를 거쳐 간 선교사들 중에서도 초기 선교사들은 이러한 어려움을 극복한 위대한 개척자요 영웅들이었다. 그래서 무엇보다도 다른 선교사 열전과 비교하여 윤 박사의 초기 내한 선교사들에 관한 이 책은 그 의미가 매우 크다고 할 것이다.

아무튼 과거 구한말에 닫혀있던 조선의 문을 두드리며 복음을 선물로 주었던 초기 내한 선교사들은 아무 희망이나 소망 없이 길가에 널부러져 있던 조선의 민초들에게 새로운 희망을 주었고, 그 희망이 백배의 열매를 맺어 오늘 세계 10대 강국으로서의 위대한 대한민국을 이룩하게 되었다. 윤 박사가 소개한 초기 내한 선교사들의 《선교사 열전》을 더불어 읽고 공부하여 다시 한번 그들의 노고와 희생을 되새김으로 한국교회 교인으로서의 정체성을 바로 세우고 더 나아가 우리 각자가 제2의 언더우드, 제2의 아담스, 제2의 게일이 되어 마지막 때에 복음의 사명들을 다할 수 있기를 기원한다.

계명대학교 기독교학과
황재범 교수

머리글

　한국교회는 구한말에 내한한 외국 선교사들의 희생적인 선교로 세워졌다. 특히 미국 장로교회와 감리교회의 헌신적인 선교가 큰 힘이 되었다. 이렇게 한국 땅을 밟은 초기 내한 선교사들은 미국 장로교회와 감리교회를 중심으로 선교지 예양협정(禮讓協定, Comity Arrangement)을 맺게 된다. 각 선교부가 한국 땅을 나누어 효율적으로 선교를 진행하자는 취지였다. 그로 인하여 한국은 선교에서 소외되는 지역 없이 대부분의 지역에 내한 선교사들이 파송되어 필요 적절하게 선교가 이루어졌다. 이와 같은 선교적 성과는 다른 선교지에서는 쉽게 찾아 볼 수 없는 것이었다.
　오늘날 선교지에서는 선교사들이 생활과 가정문제들로 인하여 대부분 도시지역으로 몰리는 현상이 발생하기도 한다. 이러한 현상은 때로 같은 나라 안에서도 제대로 선교의 혜택을 누리지 못하는 미선교지역을 양산하기도 한다. 한국 초기 내한 선교사들의 '예양협정'에 의한 선교정책은 그와 같은 선교지에 효과적인 도움이 될 것이다.
　본 책에서는 예양협정에 의해 선교구역을 달리하여 선교를 했던 각 선교부들의 초기 내한 선교사들을 소개하고 각 선교부의 선교적 특징들을 소개하는데 목적을 두었다. 독자들은 본 책을 통하여 자신이 사는 지역에 어떤 선교부가 선교를 했으며, 또한 자신이 사는 지역에 일찍 복음을 전한 선교사님이 누구인가를 알게 될 것이다.

 140여 년 전에 내한하여 복음을 전한 선교사들의 피와 땀으로 세워진 교회에 다니는 한국교회의 교인으로서 적어도 내가 사는 지역에 처음 복음을 전한 선교사님은 기억해야 하겠다는 마음으로 이 책을 집필하였다. 또한 오늘날 지역교회의 개념이 희박해져서 과열된 전도의 열기로 말미암아 서로 갈등을 유발하기도 하는 한국교회들을 바라보면서 초기 내한 선교사들의 선교정책과 그 정신을 본받기 바라는 마음도 함께 담았다.

 우리의 생명의 은인이라 할 수 있는 내한 선교사님들을 소개할 수 있는 이 책을 선물로 주신 하나님께 먼저 감사를드리고, 이 책의 집필을 위해서 함께 수고한 사랑하는 아내 송미영 사모와 한들출판사 정덕주 대표님께 감사드리며, 부디 초기 선교사들의 복음을 향한 열정과 헌신이 오늘날 한국교회에 새롭게 부활하기를 간절히 기도드린다.

2020년 7월 30일
고신대학교 교정에서
윤은수

목차

추천사 - 5
머리글 - 7

제1장 한국교회 초기 선교 현황   013
제2장 토마스 선교사   015
제3장 언더우드 선교사   041
제4장 아펜젤러 선교사   055
제5장 랜디스 선교사   069

제6장 코르페 선교사   079
제7장 레이놀즈 선교사   085
제8장 유진 벨 선교사   095
제9장 엥겔 선교사   105
제10장 오웬 선교사   117

제11장 리드 선교사   129
제12장 게일 선교사   139
제13장 베어드 선교사   149
제14장 아담스 선교사   159
제15장 말콤 펜윅 선교사   169

10 선교사 열전

제1장   한국교회 초기 선교 현황

제2장   토마스 선교사

제3장   언더우드 선교사

제4장   아펜젤러 선교사

제5장   랜디스 선교사

제1장 한국교회 초기 선교 현황

1. 들어가면서

개신교의 한국선교는 구한말 한국 개항의 역사와 그 맥락을 같이 한다. 그동안 쇄국정책을 고수하던 조선이 1876년 2월 27일에 일본의 강압에 의한 '강화도조약(江華島條約)'을 맺음으로 개항하게 되었다.[1] 그리고 1882년 5월 22일에 제물포에서 미국과 조미수호통상조약(朝美修好通商條約, Treaty of Amity and Commerce between the United States of America and Corea)을 맺게 된다.[2] 이로 인하여 미국의 개신교회들은 한국에 선교사들을 파송하는 계기를 마련하게 되었다. 따라서 한국의 개신교회는 한국 근대사의 출발이라고 할 수 있는 개항과 함께 들어오게 되었다고 할 수 있다. 하지만 개항 이전에도 한국에

---

1) 1876년(고종 13년) 2월 강화도에서 조선과 일본이 체결한 조약을 말한다. 일본이 군사력을 동원하여 강압에 의해 체결된 불평등 조약이다.
2) 1882년(고종 19) 조선과 미국 간에 체결된 국교와 통상을 목적으로 한 조약을 말한다. 1876년 조일 간의 수호통상조약으로 조선이 일본에 개항하게 되자 미국도 조선과의 수교에 나서게 되었다. 하지만 이 조약도 강화도조약과 마찬가지로 치외 법권이 인정된 불평등 조약이었다.

는 개신교의 접촉이 있었다. 도서(島嶼)지방을 통한 선교사들의 왕래와 한문 성경의 반포가 있었고, 가까운 중국과 일본에서 한글 성경이 번역되어 국내로 유입이 되기도 하였다.

2. 최초의 선교사들

한국 땅에 발을 디딘 최초의 선교사는 네덜란드 선교회 소속의 칼 귀츨라프(Karl Friedrich August Gützlaff, 1803~1851) 선교사였다. 그는 영국 동인도회사(東印度會社, East India Company)[3]로부터 통역 겸 의사로 요청을 받고, 동인도회사의 배를 타고 한국 땅을 밟았다. 그가 처음 도착한 곳은 1832년 7월 17일 황해도 서해안의 장산곶[4]이었다. 이곳에서 한 노인을 만나 성경을 나누어 주었다. 당시 그가 상대한 노인의 인상은 침통하고 무표정한 얼굴이었다고 한다. 구한말 어려운 환경에서 살아가는 한국인의 삶을 대변해주고 있는 듯하다. 귀츨라프는 장산곶을 떠나면서 이렇게 기도했다.

"가난한 나라, 염치없이도 자연을 가꾸지 못하는 나라, 그것이 복음과 진리의 말씀에 의해서 부해지기를…"[5]

그리고 도착한 곳이 7월 23일 충청도 홍주만 고대도(古代島)[6]였다.

---

3) 동인도회사(The East India Company)는 17세기 초 영국, 네덜란드, 프랑스 등의 유럽인들이 동방 진출을 목적으로 동인도에 세운 무역회사이다.
4) 황해남도 용연군 서해안에 돌출한 반도를 가리킨다. 백령도와 마주 보고 있는 현재의 북한 땅이다.
5) 민경배, 《한국기독교회사》 (서울: 연세대학교 출판부, 2002), 134.
6) 충청남도 보령시 오천면에 속한 섬으로 태안군 안면도에서 남쪽으로 약 3㎞ 떨어져

고대도에서 그는 한국과 통상을 하고, 그로 인하여 한국의 임금에게 성경이 전달되기를 바랐지만 뜻을 이루지 못했다. 아쉬움을 뒤로 하고 고대도를 떠나 일본을 거쳐 마카오로 돌아가면서 그는 자신의 회고록에 당시의 일을 다음과 같이 회고하고 있다.

> "고대도의 관리들과 많은 사람들이 성경을 받았다. 성경은 우리들에게 미약한 시작일지라도 하나님이 축복하실 수 있음을 가르친다. 더 좋은 때가 조선에 임할 것임을 소망하자."[7]

귀츨라프가 조선 선교의 가능성을 타진한 지 34년이 지난 1866년에 영국의 로버트 토마스(Robert Jermain Thomas, 1840~1866) 선교사가 미국의 상선 제너럴 셔먼호(General Sherman 號)[8]를 타고 조선에 입국하였다. 당시 스코틀랜드 국립성서공회의 소속 선교사였던 토마스는 이미 한 해 전에 같은 선교회 소속의 윌리엄슨(Alexander Williamson)[9] 선교사와 함께 조선 서해안의 자라리(紫羅里)에 가서 복음을 전한 경험을 가지고 있었다.

그런데 그는 당시에 전했던 성경이 평양에까지 흘러 들어갔던 것을 북경에 있을 때 확인할 수 있었다. 한 번은 북경에 있을 때 조선에서 온

있으며, 인근의 장고도와 함께 섬 전체가 태안해안국립공원에 속해 있는 섬이다.
7) 박용규,《한국기독교회사 1》(서울: 생명의 말씀사, 2006), 246.
8) 원래 미국인 프레스턴(Preston, W. B.)의 배였던 셔먼호는 톈진(天津)에 있던 영국 메도즈 상사(Meadows and Company)가 빌린 배였다. 상선(商船, a merchant ship)이라고는 하지만, 셔먼호는 12파운드 포 2문을 갖추고 있었으며 선원도 완전 무장하고 있었다. 메도즈 상사는 셔먼호에 조선과 교역할 상품을 싣고서 영국인 개신교 선교사였던 토마스(Thomas, R. J.) 선교사를 통역관으로 채용한 후에 8월 9일, 중국의 즈푸(芝罘, 현재의 연태) 항을 떠나 조선으로 향하게 하였다.
9) 스코틀랜드 전국성서공회(The National Bible Society of Scotland)의 선교사.

동지사[10] 일행들을 만나게 되었는데, 그 일행들 중에서 한 사람이 토마스에게 어느 외국인이 서해안에서 배포한 것과 같은 성경책을 구해 달라고 부탁을 한 것이었다. 자신이 전한 성경이 평양에까지 흘러 들어간 것을 확인한 토마스는 뜨거운 가슴을 주체할 수 없었고, 나아가 직접 평양에 가서 성경을 나누어주며 복음을 전할 수 있기를 간절히 원하게 되었다.

그는 평양으로 가는 미국의 상선에 어렵게 통역 자리를 구해서 성경을 들고 평양으로 갔다. 하지만 선교는 토마스의 뜻대로 이루어지지 않았다. 중무장하고 강압적으로 나온 미국 상선과 이것을 불쾌하게 여긴 평양 관민들과의 충돌로 토마스 선교사는 평양에 본격적으로 복음을 전하기도 전인 1866년 9월 2일에 대동강 변에서 순교를 해야만 했다. 그때 그의 나이는 불과 27세였다. 복음의 물결은 이렇게 한국의 문을 계속해서 두드렸다.

3. 말씀이 선교의 문을 열다

초기 한국선교에 있어 독특성은 선교사보다 성경이 먼저 보급되었다는 것이다. 물론 이전에 귀츨라프나 토마스 선교사와 같은 이들을 통하여 한문 성경이 보급되기는 했으나 한문 성경을 읽어낼 수 있는 독자는 소수에 그쳤다. 그러기에 국외에서 성경이 한글로 번역된 한글 성경이 국내로 보급이 되기에 이른 것이다. 이들 성경 번역 작업은 두 지역에서 일어났는데 한 곳은 만주에서 일어났고, 또 한 곳은 일본에서

---

10) 조선 시대 동지에 명나라와 청나라에 보내던 사절 또는 파견된 사신. 대개 동지를 전후하여 보내기 때문에 동지사라고 이름하였다.

일어났다. 만주에서는 스코틀랜드 연합장로회[11] 소속의 존 로스(John Ross, 1841-1915) 선교사와 존 매킨타이어(John MacIntyer, 馬勤奉, 1837-1905) 선교사에 의해서 이루어졌다.

존 로스 선교사는 1876년 4월경 의주 출신의 상인이었던 이응찬(李應贊)이라는 한글 선생을 만나게 된다. 로스 선교사는 1878년 봄경에 이응찬과 한두 명의 조선인들로 인하여 요한복음과 마가복음을 번역하였다. 번역을 하기 위해서는 한문 성경을 여러 번 탐독해야만 했는데 이 과정에서 이응찬을 비롯한 한국인들은 믿음을 가지게 되고, 결국 세례를 받게 되었다.

그 후로 홍삼장사를 하던 서상륜(徐相崙, 1848-1926), 서경조(徐景祚, 1852-1938) 형제가 합세하여 누가복음을 번역을 하게 되었다. 그리고 마침내 1887년경에 신약성경 전권인 "예수성교전서"가 339쪽으로 완간되었다. 그러나 이응찬은 이 축복의 순간을 함께 맞이하지 못하고 1883년 9월 콜레라에 감염이 되어 하나님의 부르심을 받았다. 이렇게 번역에 참여하였던 한국인들은 스스로 권서인[12]들이 되어 성경을 가슴에 품고 조선으로 넘어와 성경을 보급하며 복음을 전하며 교회를 세워 나갔다.

또 다른 한글 성경은 일본에서 이수정(李樹廷, 1842-1886)[13]이라는

---

11) 스코틀랜드 연합장로교회는 1862년에 중국선교를 시작하였고, 1871년부터는 산둥반도를 중심으로 선교 활동을 펼쳐나갔다. 한국기독교역사연구소,《한국기독교의 역사 1》(서울: 기독교문사, 2006), 142.
12) 성경책과 전도 책자를 나누어 주거나 파는 사람들을 일컫는 말이다.
13) 이수정 선생은 최초의 한글 성서 번역자의 한 사람으로 지금의 전라남도 곡성군 출신이며, 이병규(秉逵)의 아들로 알려져 있다. 그는 임오군란 때 명성황후를 충주까지 피신시킨 공으로 왕실로부터 두터운 신임을 받았다. 그래서 신사유람단으로 일본에 박영효를 따라갈 수 있었다. 일본에서 그는 기독교를 받아들이고 세례를 받았으며 성경 번역에 참여하여 많은 공로를 세웠다. 한국으로 돌아와서는 갑신정변에 휘말려 암살당했다고 주장하는 이도 있으며, 그의 죽음에 관하여는 자세하게 알려진 것이 없다.

사람을 통하여 번역을 기다리고 있었다. 이수정은 당시 세력가였던 민영익과 친분을 가진 박영효 대감을 수종 들어 1882년 9월에 2차 신사유람단(紳士遊覽團)[14]으로 일본에 가게 되었다. 거기에서 이수정은 일본의 대표적인 농학자요 기독교도인 츠다센(律田仙)을 만나 한문 신약성경을 받고 기독교를 알게 되었으며, 1883년 4월에 미국 북장로교 선교사인 녹스(George William Knox, 1853-1912) 선교사에게 세례를 받았다. 그는 일본에서 세례를 받은 최초의 조선인이었다.

기독교인이 된 이수정에게 얼마 있지 않아 일본 주재 미국성서공회 총무였던 루미스(H. Loomis) 목사가 한글 성경 번역을 의뢰하였다. 그렇게 1883년 5월에 시작된 성경 번역은 그 해에 마가복음을 번역하기에 이른다. 그 외에도 한문 성경에 토를 단 '현토한한신약전서(懸吐韓漢新約全書)'를 번역하기도 하였다. 이렇게 번역된 성경은 미국의 북장로교 언더우드(Horace Grant Underwood, 1859-1916) 선교사와 미국 북감리교 아펜젤러(Henry Gerhard Appenzeller, 1858-1902) 선교사의 손에 들려서 1885년 4월 5일에 인천의 제물포 땅을 밟게 되었다.

이와 같이 한국선교는 독특하게도 선교사보다 성경이 먼저 들어와 보급이 되고 전파되었다. 그래서 어느 나라보다도 권서인(매서인)들의 활동이 활발하였던 선교지이기도 하였다.

4. 예양협정(禮讓協定, Comity Arrangement)

최근 한국교회가 선교하는 국외 선교지에서는 각 교단 신교사들의 충돌과 마찰로 인한 문제들이 공공연히 일어나고 있다. 이것은 하나의

---

14) 1881년 일본의 근대 문물을 배워 오기 위해 조선 정부가 파견한 시찰단이다. 도쿄와 오사카를 중심으로 일본의 선진 문물을 시찰하고 살폈다.

선교지에 여러 교단의 선교사들이 동시적으로 선교를 감행하기에 일어나는 문제라고 볼 수 있다. 이런 문제들을 효과적으로 극복하기 위해서는 선교지를 분할하여 각 선교부마다 할당을 주고, 할당된 지역을 각 선교부가 책임을 맡아 최선을 다하여 선교를 하게 하는 것이 가장 효과적이라 할 것이다. 하지만 각 교단의 이해 관계로 아직은 선교지에서 이와 같은 시도가 잘 이루어지지 않고 있다.

그런데 놀랍게도 한국교회 초기에 이런 시도가 있었고, 충분히 그 효과가 나타났으며, 그 결과로 지금도 전국적으로 균형 있게 교회가 발전해 나가는 놀라운 결과를 볼 수 있다. 이렇게 한국교회 초기에 각 선교부가 자신들의 기득권을 내려놓고 하나님 나라의 확장을 위하여 선교지의 분할에 동의한 것이 소위 '교계예양협정(敎界禮讓協定, Comity Arrangement)'이었다.

1) 교계예양협정의 체결 과정

최초의 '교계예양협정'은 1892년 6월 11일, 서울에서 미국 북감리교회와 미국 북장로교회 선교부 간에 이루어졌다. 이렇게 두 선교부 간에 먼저 이루어진 것은 북장로교회의 언더우드 선교사와 북감리교회의 아펜젤러 선교사가 내한한 이후, 선교사역의 활동 범위가 점점 넓어지면서 선교지역 간에 중첩이 이루어지기 시작했기 때문이다. 따라서 두 선교부 간에 서로 효과적으로 협력하며 선교할 필요성을 갖게 되었다. 두 선교부 간의 협정은 이후 한국에서 선교를 하고자 하는 대부분의 선교회들 사이에 선교지역 분할을 위한 협정의 기본 원칙으로 사용되었다.

미국 북감리교회와 북장로교회 사이에서 이루어진 교계예양협정의 주요 내용은 다음과 같이 정리할 수 있다.

① 일반적 원칙으로 볼 때 작은 도시나 그 주변 지방을 공동 점유하는 것은 우리 능력을 효율성 있게 활용함에 있어 가장 바람직하지 않은 것임을 확인한다. 그러나 인구 5천 명이 넘는 개항장이나 도시는 공동 점유가 가능하도록 개방해야 할 것이다. 특히 위에서 언급한 지방들을 점유함에 있어서 필요하고도 유용하다고 판단이 될 때는 더욱 그러하다 하겠다.

② 5천 명 미만이 되는 도시에서 지방을 관장하는 한 선교사에 의해 준 선교기지(Sub-Station)가 설정되어 있을 경우에는 그 선교부가 미리 점유한 것으로 인정하고 다른 선교회가 그곳에서 선교 사업을 시작하는 것은 바람직하지 못하다. 그러나 사업이 6개월 이상 중단되어 있을 경우에는 누구나 들어갈 수 있다.

③ 사업을 시작하거나 확장하려는 선교회들에게는 아직 점유되지 않은 지역에서 착수하도록 강력히 권고하여 모든 지역에서 선교 사업이 진행이 되도록 추구한다.

④ 우리는 개 교회의 신도들이 다른 교단으로 옮길 권리를 가짐을 인정한다. 그러나 한 교회의 교인 혹은 후보자로 등록한 사람은 그 교회의 담당자 이명서 없이는 다른 교회로 영입될 수 없다.

⑤ 여러 교회의 권징에 대해서는 우리가 서로 상호 존중하기로 한다.

⑥ 섬기고 있는 당사자의 이명서가 없을 경우 다른 선교회는 모든 사역 분야의 조사, 학생, 교사, 조력자들을 영입해서는 안 된다.

⑦ 일반적으로 서적들은 무료로 주지 않고, 값을 받고 팔아야 하며 가격이 균일해야만 한다.[15]

---

15) R. E. Speer, Report of a visit to Korea, 1897, 41.

위의 글에서 볼 수 있듯이 '교계예양협정'은 선교지에서 원활한 선교를 위하여 인구 5천 명 이상의 대도시나 개항지는 공동으로 점유하고 그 외의 지역에 대해서는 먼저 선교를 시작한 선교회의 기득권을 인정해주는 것을 원칙으로 하고 있다. 그리고 아직 복음을 전하지 못한 지역은 새로 오는 선교회로 하여금 선교를 우선적으로 감당하게 하고 있다.

또한 함부로 다른 선교회의 교인들을 영입하는 일을 금하기 위해서 이명서(移名書, letter of transfer)[16]를 중요하게 여기고 있다. 그래서 이명서 없이는 함부로 다른 선교부의 교인들을 받아들이지 못하도록 규정하고 있다. 그리고 가급적 교회 질서를 위해서 다른 선교부에서 행해진 권징을 최대한 존중하도록 명령하고 있다. 오늘날 다른 교회의 권징을 제대로 존중하지 않아 권징이 권위를 갖지 못하여 올바로 행사되지 못하고 있는 한국교회의 모습과는 대조적이라 할 수 있다.

그러나 이러한 '교계예양협정'이 때로는 선교지에 먼저 와서 선교지역을 선점한 선교회들이 지역 관할권의 강화를 위해 시도했다는 식으로 부정적으로 보는 측면도 있다. 예를 들어 지역 내에서 교인들이 교파를 옮기는데 선교회의 허가를 받아야 한다는 규정이라든지, 교역(敎役, religious work)[17]에 종사하는 한국인이 다른 선교회 지원을 받을 수 없도록 한 규정들은 선교회의 지역 관할권을 강화시키려는 것에 지나지 않는다고 보는 것이다.

하지만 그럼에도 불구하고 이러한 '교계예양협정'은 한 지역 안에 교회들이 무분별하게 세워지고, 다른 이웃교회의 교인들을 무원칙으로

---

16) 교회를 옮기기 위해서 교회와 당회에 이명을 청원할 때 교회와 당회가 발급해 주는 서류를 말한다.
17) 설교·전도·심방·행정·치리 등 교회에 필요한 일들을 맡아 하는 것을 말한다. 이러한 일을 하는 사람을 교역자(敎役者, religious worker)라고 부르기도 한다. 주로 교회에서 급여를 받으며 일하는 경우가 대부분이다.

받아들이거나 빼앗아 가는 오늘날의 한국교회가 본받아야 할 부분들이 아닌가 한다.

앞선 북장로교회와 북감리교회 간의 협정은 정식으로 채택이 되지는 않았다. 이것은 선교회가 이런 규칙에 얽매일 수는 없다는 북감리교 선교본부의 소극적인 태도 때문이었다. 하지만 두 선교부 간에 있었던 협정문은 그 이후 다른 선교회들 사이에서는 선교지역 분할협정에서 하나의 관례처럼 지켜져 왔다.

2) 교계예양협정에 따른 선교지 분할

앞에서 언급한 것처럼 북장로교회와 북감리교회 사이에 무산된 협정은 장로교회 안에서 이루어졌다. 그래서 미국의 남장로교회 선교부가 1892년도에 한국에 설립되면서 남장로교회 선교부는 남부지방의 충청도와 전라도 지역을 중심으로 선교하기로 합의하였다. 그리고 1898년에 도착한 캐나다 장로교 선교부는 함경도 쪽을 맡기로 하였다. 호주 장로교 선교부는 부산에 정착하게 되었는데, 후에 1914년에 이르러 북장로교회 선교부와의 합의로 그 주변 지역을 넘겨받아 부산, 경남지역을 책임지고 선교하기에 이른다.

앞서 미국 감리교회는 교계예양협정을 거부하였지만 어느 정도의 선교지역 분할에는 합의가 이루어지기도 했다. 그래서 평안도와 강원도 지역에서 선교를 담당하게 되었다. 그리고 남장로교회가 충청도 지역에서 차츰 물러나게 되면서 충청도 지역도 맡아서 선교를 하게 되었다.

4개의 장로교와 2개의 감리교 선교회가 분할한 선교지역을 도표로 나누어 보면 다음과 같이 나눌 수 있다.[18]

---

18) 서정민, "한국장로교총회 100년 그 빛과 그림자 2, 분할 경쟁과 협력-교계 예양," <기독교사상> Vol. 638 (서울: 대한기독교서회, 2012), 196.

교파	선교지역
미국 북장로교회	서울, 경기도 일부, 충청북도, 경상북도, 황해도 다수, 평안남도 대부분, 평안북도 다수
미국 남장로교회	전라남북도, 충청남도 일부 제주도
호주 장로교회	부산, 경상남도
캐나다 장로교회	함경남북도 만주 및 간도 지역
미국 북감리교회	서울, 경기도 일부, 평안남도 일부, 평안북도 일부, 황해도 일부, 강원도 남부, 충청남도, 충청북도 일부
미국 남감리교회	서울, 경기도 일부, 강원도 북부 함경남도 일부

5. 나가면서

한국의 개신교 선교는 여러 가지 독특성을 가진다. 한국 개신교 선교는 우선 개항과 함께하였다. 앞서 천주교가 들어와서 쇄국정책(鎖國政策, national isolation policy)[19]으로 말미암아 많은 핍박을 받고 어려움을 겪었는데 개신교는 개항과 함께 그 나라의 배경을 알고 선교사들이 들어오기 시작하였다. 또한 한국의 개신교 선교는 선교사보다 성경이 먼저 보급된 독특한 선교였다. 만주의 존 로스, 존 매킨타이어 선교사, 그리고 일본의 이수정 등으로 인하여 한글 성경이 국외에서 번역이 되고, 상인들과 선교사들을 통해 국내에 보급되었던 것이다. 이렇게 선교사보다 성경이 먼저 보급되어 복음이 전파된 예는 극히 드문 예라고 할 것이다.

마지막으로 한국의 개신교 선교는 '교계예양협정'을 통하여 선교지를 분할하여 각 선교부가 효과적으로 선교활동을 지향한 독특한 선교

---

19) 다른 나라와 교류를 거부하고 상호 관계를 맺지 않으며 서로 통상하지 않겠다는 정책을 말한다.

지였다. 물론 기득권을 주장하는 빌미가 되었다고 주장하는 이들이 있기도 하다. 그리고 이렇게 분할된 선교지 구분으로 인하여 해방 이후에 교파 분열을 초래한 단초가 제공되었다고 주장하는 이들도 있다. 하지만 여하튼 우선은 각 선교부들의 선교지역이 중첩되지 않고 잘 구분되어 선교를 진행한 결과 소외되는 지역 없이 나라 전 지역에 복음이 전파되며 각 선교부들이 효율적으로 선교를 원활하게 잘 진행할 수 있었다는 것은 누구도 부인할 수 없는 사실이다.

교계예양협정으로 인한 효과적인 한국 초기 선교는 하나님이 계획하신 축복의 선물이었다.

필자는 다음 장부터 각 선교부가 파송한 최초의 선교사님들을 중심으로 살펴보고자 한다. 각 선교부마다 다른 지의 선교지에서 선교를 하였기에 선교사님들의 선교방식에 차이가 있었고, 또한 파송된 선교부가 달랐기에 각 선교부의 선교적 특징들이 선교사님들의 선교 흔적에서 고스란히 나타나고 있다. 필자의 앞선 저작인 《교회사를 찾아 떠나는 선교여행》과 함께 본서를 구독한다면 도움이 될 것이다.

제2장 토마스 선교사

1. 들어가면서

미국의 상선 제너럴 셔먼(General Sherman) 호를 타고 한국 선교의 꿈을 가슴에 품은 채 대동강을 거슬러 올라오던 선교사가 있었다. 그는 영국인 선교사 로버트 토마스(Robert Jermain Thomas, 1840-1866)였다. 그런데 셔먼호는 불행하게도 대동강 변의 모래언덕에 좌초되었다. 이어 평양 관민들의 공격이 시작되었다. 돌과 화살이 날아들었고, 심지어 화승포까지 등장하였다. 셔먼호는 금세 불길에 휩싸였다. 셔먼호에 타고 있던 대부분의 사람들이 죽거나 살해당하였다.

토마스 선교사는 겨우 불타는 배를 빠져나왔지만 목숨을 건질 수는 없었다. 병졸 중에 박춘권(朴春權)이 토마스 선교사를 죽였다. 토마스 선교사는 죽기 전에 박춘권에게 한문 성경을 건네려고 했지만 그는 거절하였다. 하지만 그는 토마스 선교사가 죽은 후에 그가 남긴 성경책을 주워 집으로 돌아가서 읽고 예수를 영접하게 된다. 후에 그는 영주교

회의 영수가 되었다고 한다.[1]

당시 토마스 선교사가 순교할 때 그 자리에는 한 소년이 있었다. 이 소년은 당시 12살인 최치량(崔致良, 1854-1930)이었다. 최치량은 그 광경을 구경하러 갔다가 토마스 선교사가 순교한 자리에서 3권의 한문 성경을 가져갔다.[2] 하지만 당시에는 불법으로 책을 소지하고 있는 자에게는 처벌을 하던 시기였다. 그래서 이 책을 습득한 대부분의 사람들은 강변에 버렸다. 최치량도 혹시 책으로 인하여 어려움을 당할까 두려워서 평양성 대동문(大同門)[3]을 지키던 영문주사(營門主事) 박영식(朴永植)에게 주었다. 박영식은 최치량에게 받은 성경책을 뜯어서 자기 집의 벽지로 도배하였다. 그 일 이후로 박영식은 방에 누워서 벽에 벽지로 붙어져 있던 성경을 읽다가 예수를 영접하고 기독교인이 되었다.

세월이 흘러서 최치량은 평양 대동문 안에 집을 사서 여관을 운영하게 되었는데 이 여관의 전 주인이 박영식이었다. 최치량은 이곳에서 벽지로 사용된 성경을 보게 된다. 그리고 마펫(Samuel A. Moffet, 1864-1939, 한국명: 마포삼열) 선교사와의 만남을 통해서 예수를 영접하게 되고, 1894년에 세례를 받게 된다.[4] 이렇게 여러 사람을 그리스도인으로 인도한 이 집이 후에 평양 최초의 널다리교회가 된다.[5] 그리고

---

1) 박춘권의 조카 이영태(李榮泰)도 후에 주님을 영접하고 평양 숭실전문학교를 졸업하고 미국 남장로교회 레이놀즈(William David Reynolds, 1867-1951) 선교사의 조사(助事)로 활동하기도 하였다.
2) 당시 20세였던 이신행이라는 여인도 한 권을 습득하였는데, 그녀는 후에 평양 최초의 여자 교인이 되었다고 한다. 그녀의 아들은 평양 장대현교회 장로가 되었다. 유해석, 《토마스목사전》(서울: 생명의 말씀사, 2006), 248.
3) 평양성 내성(內城)의 동문(東門)이다.
4) 황재범, 오주철, 《한국개신교회사》(서울: 한들출판사, 2015), 58.
5) 마펫 선교사가 평양 대동문 안에서 교회를 시작했을 때 모인 사람들 중에서 토마스 선교사가 순교하면서 전달한 성경책을 들고 온 사람들이 여럿 보였다고 한다. 널

널다리교회는 후에 평양 장대현교회로 이름이 바뀌게 되는데, 이 교회가 1907년 평양대부흥운동의 중심이 된다.[6] 토마스 선교사의 선교는 대동강 모래언덕 위에서 순교하면서 성경을 전해주고 뿌린 것으로 끝이 났지만, 그 짧은 선교가 평양과 온 나라와 민족 가운데 기독교 부흥운동을 일으키게 되었고, 후에 신미양요(辛未洋擾)[7]를 통하여 미국이 직접 한국과 통상에 나서게 되었고, 그 배경으로 선교사들이 본격적으로 입국하게 되는 초석을 놓았다.

2. 토마스 선교사의 출생과 성장

토마스 아버지의 직업은 목사였다. 아버지인 로버트 토마스(Robert Thomas, 1810-1884)는 1837년 4월에 독립교회 파의 목사로 안수를 받고, 1839년 웨일즈의 라야더(Rhayader)에 위치한 태버내클교회(Tabernacle Church)에 부임했는데, 이곳에서 둘째 아들 저마인 토마스(Robert Jermain Thomas)가 출생한다. 로버트 토마스 목사는 이곳에서 목회하면서 선교에 꿈을 가지고 런던선교회(London Missionary Society)에 후원금을 보내기 시작하였다. 그 지역에서는 런던선교회에 후원하는 유일한 목사였다. 후에 그의 아들이 런던선교회의 파송을 통

다리교회는 널다리골에 있는 교회라고 해서 이런 이름으로 불리웠다.
6) 장대현교회는 박춘권이 세례를 받으면서 교인들이 늘어나게 되자 장대현에 교회를 새롭게 건립하게 되어 장대현교회로 이름이 바뀌었다.
7) 1871년(고종 8) 미국 군함이 강화도에 쳐들어옴으로써 일어난 사건을 말한다. 1866년 셔먼호 사건이 배경이 되었으나 미국은 신미양요의 결과를 떠나서 조선과 통상의 필요성을 인식하게 되고, 여러 경로를 통하여 결국 조선과 수교하게 된다. 이렇게 해서 토마스 순교 이후 18년 만인 1884년에 의료 선교사 호러스 뉴턴 알렌이 조선 땅을 밟게 된다.

하여 중국으로 가게 된 것은 우연이 아니었다. 둘째 아들인 토마스를 선교사로 키웠으면 하는 마음이 로버트 토마스 목사에게 있었는지도 모를 일이다.

로버트 토마스 목사는 1848년에 태버내클교회를 사임하고 몬머스셔(Monmouthshire)의 하노버교회(Hanover Church)로 이동하게 된다.[8] 로버트 토마스 목사는 이 교회에서 무려 37년 간을 목회를 하고 은퇴를 하게 된다.[9] 하노버교회로 이동할 때 토마스는 8살이었다. 토마스는 이곳 하노버에서 청소년기를 보내었다.

그는 슬란도버리 칼리지(Landovery College)에서 3년을 공부하고, 14세 때 옥스퍼드 대학교 지저스 칼리지(Jesus college in the University of Oxford)에 장학생으로 선발되었다. 옥스퍼드는 예나 지금이나 수재들만 가는 곳이었다. 하지만 그는 당시 나이가 어리다는 이유로 입학이 보류되었다.

그는 주변의 권유로 당시 외과 분야 권위자였던 워터만(Waterman) 박사 밑에서 2년 동안 외과 견습생으로 의학 공부를 하였다. 당시에는 공인된 의사 밑에서 공부를 하고, 왕실에서 주관하는 의사 면허시험에 합격하면 의사가 될 수 있었다. 하지만 그는 후에 자신이 그동안 꿈꾸어 오던 선교사의 사명을 감당하기 위하여 의학 공부를 그만두고 신학을 공부하려고 런던에 있는 런던대학교 신학부 뉴칼리지(New College)에 입학하였다.[10] 그는 2년 만에 학사학위를 취득하였고, 신학

---

8) 하노버교회는 남부 웨일즈의 일라노버(Llanover)에 위치하고 있다. 현재는 URC 소속으로 있으나 당시에는 회중교회에 소속되어 있었다.
9) 현재의 하노버교회는 목회자를 청빙할 수 없을 정도로 약해졌다. 그 어려운 사정을 알게 된 한국인 선교사 유재연 선교사가 2014년도부터 교회를 맡아 목회하고 있다.
10) 유해석은 토마스가 뉴칼리지에 입학하기 전에 약 1년간 아버지가 시무하는 하노버교회에서 설교사역을 맡았었다고 한다.《토마스 목사전》, 88-90.

부 3년 동안에는 장학생으로 공부하였다.[11] 중간에 잠시 방황하는 시기도 있었으나 그는 무사히 공부를 마칠 수 있었다.[12]

3. 중국 선교의 길

토마스가 중국을 알게 된 것은 잉글랜드 노샘프턴셔(Northamptonshire)주에 위치한 온들회중교회(Oundle Congregational Church) 담임목사인 엘프레드 뉴스(Alfred Newth) 목사를 만나면서였다. 엘프레드 뉴스는 본래 중국 선교에 꿈을 가지고 있었던 목사였다. 토마스는 교사를 위해 교회를 가게 되었는데 이곳에서 엘프레드 뉴스를 통하여 중국 선교에 관한 많은 이야기를 들을 수 있었을 것으로 여겨진다.

그 후에도 중국 선교에 관한 여러 번의 접촉점을 경험하게 된다. 1859년 10월에 런던선교회 소속의 록하르트(William Lockhart) 선교사가 뉴칼리지(New College)에서 집회할 때 토마스는 큰 감동을 받게 된다. 록하르트는 중국에서 20여 년간 선교를 한 인물이었다. 또한 토마스의 친구들 중에는 중국 선교에 헌신한 친구들도 있었다. 로버트 윌슨(Robert Wilson, 1829-1863)의 경우는 토마스와 함께 뉴칼리지에서 공부한 친구였는데, 1859년 10월에 중국 선교를 떠났다. 하지만 그는 4

---

11) 그가 받은 장학금은 일반 사립학교 교사의 연봉에 해당하는 가장 높은 급수의 장학금이었다. 이처럼 토마스는 매우 우수한 학생이었다.
12) 토마스는 입학 때부터 선교사에 관한 꿈을 품고 있었다. 그래서 그는 입학 직후인 1857년 9월에 런던선교회에 선교사 후보생 신청서를 보내기도 했다. 하지만 그럼에도 아직은 선교사로 가는 것이 하나님의 계획인가에 대한 올바른 확신이 제대로 서지 않았다. 당시 런던에는 토마스보다 5살 많은 찰스 스펄젼이 큰 활약을 하고 있었다. 이러한 유혹들이 선교사를 지망하는 토마스의 마음을 흔들었던 것 같다. 그래서 학업 중에 그는 잠시 방황하였다.

년 후인 1863년 8월 12일에 항저우(杭州)에서 사망하였다. 이러한 친구의 소식들이 토마스를 점점 더 중국 선교로 이끌었을 것으로 여겨진다.

토마스는 드디어 1863년 5월에 뉴칼리지를 졸업한다. 그리고 5월 29일에는 캐롤라인 갓프리(Caroline Godfrey)와 결혼하였다. 갓프리는 토마스보다 2살 위인 25세였다. 6월 4일에는 웨일스 하노버교회에서 토마스의 목사안수식이 있었고, 런던 선교부에서 선교사 파송식이 거행되었다. 그로부터 7주가 지난 7월 21일에 토마스 부부는 드디어 영국의 그레이브센드(Gravesend) 항구를 떠나 중국 상해로 출발을 하였다.

토마스는 4개월의 항해를 거쳐서 1863년 12월 첫 주에 상하이(上海)에 도착하였다. 그리고 토마스 선교사는 4개월 후인 1864년 3월에 아내를 상하이에 남겨둔 채로 런던선교회의 그리피스 존(Griffith John) 선교사가 사역하고 있는 한커우(漢口)로 여름에 보낼 집을 마련하기 위해서 가게 된다.[13] 그런데 안타깝게도 그 사이에 임신 중이었던 아내 갓프리가 유산을 하고, 이어서 바이러스가 감염되어 26세의 나이로 사망한다.[14]

토마스 선교사는 이 일로 인해 말할 수 없는 충격에 휩싸이게 된다. 토마스 선교사는 아내 곁을 지켜 주지 못한 것에 대하여 더 큰 아픔을 느끼고 있었다. 그런데 사별의 아픔이 회복되기도 전에 토마스 선교사는 상하이 지부장 무어헤드(W. Muirherd)와의 심각한 갈등을 겪어야만 했다. 상하이에 거주하는 영국인을 위해 주로 목회했던 무어헤드는 상하이가 선교 중심이어야 한다고 보았지만, 토마스는 자국민보다 중

---

13) 그리피스 존(Griffith John) 선교사는 영국 웨일즈 스완지 출신으로 토마스 선교사의 아버지와도 친한 사이였다. 토마스 선교사보다 8년 전에 상하이에 파송이 되어 1861년에 한커우(漢口)로 옮겨 새롭게 사역하고 있었다.
14) 토마스의 아내는 교사로 잠시 있었던 온들회중교회(Oundle Congregational Church)의 교인이었다. 따라서 토마스와 토마스의 아내는 10년 동안 서로를 잘 알았다.

국인 선교가 우선이 되어야 한다고 보았다. 그리고 무엇보다도 토마스는 아내를 잃은 상하이를 떠나고 싶어 했다.[15]

결국 토마스 선교사는 이 일로 인해서 1864년 12월 7일에 런던선교회를 사임하게 된다. 런던선교회를 사임한 그는 즈푸(芝罘, 현재의 煙臺)로 가서 당시 영국인 하트(Robert Hart)가 세관장으로 있던 세관에서 통역관으로 1865년 8월 31일까지 일하게 된다.[16]

4. 제1차 조선 방문

즈푸는 본래 작은 어촌마을이었다. 하지만 중국이 1858년 톈진(天津)조약으로 개항하게 되면서 중계 무역항으로 크게 번창하게 되었다. 즈푸는 산둥성[山東省] 북부의 해안 도시로서 조선과 가장 가까운 거리에 위치해 있었다. 따라서 한국인들이 자주 방문하는 곳이기도 했다. 이곳에서 토마스는 두 사람의 한국인을 만나게 된다. 그들은 김자평(金子平, 1789-1868)과 최선일(崔善一, 1809-1878)[17]이었다. 스코틀랜드 성서공회[18]에 소속된 알렉산더 윌리암슨(Alexander Williamson,

---

15) 토마스는 아내를 잃은 직후 런던선교부에 보낸 서신에서 아내를 잃은 상한 마음을 추스르기 위해서 상하이가 아닌 다른 사역지가 필요함을 전하고 있다.《토마스 목사전》, 146. 토마스와 무어헤드 사이에는 개인적인 문제들도 있었다. 무어헤드는 선교사의 순수한 마음을 가진 토마스가 받아들이기 어려운 잘못된 태도와 모습들을 보여주었다.
16) 토마스에게는 새로운 사역지가 필요했다. 왜냐하면 거듭된 사역지에서의 고통스러운 일들로 인하여 육체적, 정신적 휴식이 필요한 상태였기 때문이다. 그가 찾은 새로운 사역지에서 그는 충분히 회복되고 있었다.
17) 이들은 중국에서 조선으로 입국하는 가톨릭 선교사들의 가이드 역할을 하고 있었다.
18) 영국 국내외에 성서 보급을 목적으로 하여 설립된 영국 성서공회의 스코틀랜드

중국명: 韋廉臣, 1829-1890)이 두 한국인과 만나는 자리에 토마스도 자연스럽게 초대가 되었다. 그리고 토마스는 두 사람을 통해서 한국의 상황을 전해 듣게 되었다.

토마스가 두 사람을 통하여 전해 듣게 된 한국의 상황은 그야말로 놀라운 것이었다. 이미 벌써 한국에는 로마가톨릭 신자가 5만여 명에 이르고, 11명의 신부들이 비밀리에 활동하고 있다는 것이었다. 토마스는 조선의 상황에 관한 말을 듣고 조선 선교에 관한 마음을 품게 되었다. 그래서 그는 스코틀랜드 성서공회 대리인의 자격으로 1865년 9월 4일 미지의 나라인 조선을 향하여 걸음을 내딛게 되었다.

이것이 토마스의 제1차 조선 방문이었는데, 윌리암슨으로부터 한문 성경과 기독교 서적을 보급받았고, 스코틀랜드 성서공회로부터 약간의 경비 지원을 받았다. 이때 김자평이 동행하였고, 중국인 우웬타이(于文泰)가 항해를 맡았다. 토마스 일행은 9월 8일 즈음에 백령도에 도착하였다. 서툰 조선말로 복음을 전한 토마스의 전도 여행은 이렇게 백령도에서부터 시작되었다. 그리고 그달 13일에 황해도의 창린도(昌麟島)[19] 자라리(紫羅里) 해안에 도착했다. 이곳을 중심으로 토마스는 성경을 나누어 주며 전도를 하였다.

토마스는 계속해서 한양까지 전도 여행을 계속하려고 하였다. 하지만 그가 탄 배가 때마침 불어 닥친 강풍으로 파선하는 바람에 토마스는 한양행을 포기할 수밖에 없었다. 토마스는 아쉬운 마음을 안고 조선을 떠나 만주의 피쯔워(貔子窩) 항구에 도착하였다. 그리고 거기서부터 도보와 말을 이용하여 1866년 1월 4일 혹은 5일 즈음에 베이징에 도착하게 된다. 즈푸항을 떠난 지 꼭 4개월 만이었다. 토마스가 1차 전

협회이다.
19) 창린도(昌麟島)는 황해도 끝에 위치한 옹진군의 지역이며, 현재는 NLL 가까운 위치이다.

도 여행으로 조선에 체류한 기간은 2달 반 정도였고, 체류한 곳은 황해도를 비롯한 주로 서해안이었다.

베이징으로 돌아온 토마스는 런던선교회가 토마스를 런던선교회 선교사로 재임명했다는 통보를 받게 되었다. 그리고 토마스의 근무지는 베이징 지부로 결정되었다. 관련 서신이 영국에서 중국까지 전달되는 데 여러 달이 걸리기에 아마 토마스는 조선에서 선교를 하고 있던 때에 런던선교회로부터 재임명 받았을 것이다. 그러니 토마스는 어떤 면에서는 런던선교회 소속으로 조선 선교를 하고 있었던 것이다. 런던선교회는 토마스의 조선 선교를 매우 고무적으로 받아들이며 후원자들에게 그 소식을 전하고 있었다. 토마스의 제1차 조선 방문은 본격적인 조선 선교를 위한 예비 방문 성격이 있었다. 무엇보다도 큰 성과는 조선 선교에 대한 토마스의 자신감이었다.

5. 제2차 조선 방문

고종 3년 1866년에 섭정을 하고 있던 고종의 아버지 흥선대원군은 천주교 금압령(禁壓令)[20]을 선포하고 박해하기 시작하였다. 소위 병인박해(丙寅迫害)라고 불리는 천주교 박해는 1866년 봄과 여름, 그리고 1868년, 1871년에 걸쳐 무려 8천여 명이나 되는 천주교인들의 목숨을 앗아 갔다. 이 박해에 프랑스의 베르뇌(Siméon-François Berneux, 1814-1866, 한국명: 장경일) 주교를 비롯한 천주교 신부 9명의 죽음도 있었다. 이와 같은 상황에서 토마스 선교사는 2차 조선 방문을 계획하고 있었다.

---

20) 엄금하고 근절하라는 명령으로 천주교 금압령은 천주교를 엄금하고 근절하라는 명령이다. 연산군은 언문금압령(諺文禁壓令)을 내리기도 했다.

조선에서 벌어진 프랑스 신부들의 처형 소식을 듣게 된 중국의 프랑스 대사관은 크게 진노하였다. 그래서 당시 프랑스의 주청(駐淸) 대리공사(代理公使)였던 벨로네(Henri de Bellonet, 중국명: 伯洛內)는 프랑스의 해군 사령관 로즈(Pierre-Gustave Roze, 1812-1882) 제독에게 조선으로 군사들과 배를 가지고 진격할 것을 명령하였다. 그리고 토마스 선교사에게 통역관으로 동행해달라고 요청했다. 토마스는 여러 가지 고려할 사항이 없는 것은 아니었지만 조선으로 갈 수 있는 좋은 기회가 될 수 있다고 생각하였다. 토마스는 텐진(天津, 천진)에서 로즈 제독과 합류하여 즈푸를 거쳐 조선으로 가기로 계획을 세웠다. 그런데 로즈 제독이 당시 프랑스령이었던 베트남 사이공에서 일어난 소요를 진압하기 위하여 급하게 즈푸를 떠나게 됨으로 말미암아 조선 계획이 취소되고 말았다.

하지만 토마스는 포기하지 않았다. 어떻게든 조선으로 건너갈 수 있는 길을 찾기 위해서 일단 즈푸로 갔다. 그는 즈푸에서 조선 여행에 필요한 경비를 마련할 계획을 가지고 있었다. 즈푸에서 토마스는 윌리암슨과 김자평을 만나게 되어 이들을 통해 조선 방문의 도움을 얻을 수 있었다. 그러던 중 7월 29일에 즈푸에 커다란 선박이 나타났다. 이것이 미국 상선 제너럴 셔먼호(General Sherman號)였다.

1861년 범선으로 영국에서 건조된 이 배의 원래 이름은 '프린세스 로얄(Royal Princess)'이었다. 그러다가 1863년 1월 미국으로 넘겨져 미 해군에서 사용되었고, 1865년에 경매에 넘겨져 상선으로 개조되면서 남북전쟁 당시 위력을 떨친 남군의 장군 셔먼(William Tecumseh Sherman, 1820-1891)[21]의 이름을 따서 제너럴 셔먼으로 개칭되었다. 제

21) 1861년 남북전쟁이 일어났을 때 북군 장교가 되어 전투에 참여하였으며, 1865년 4월에 사우스캐롤라이나주(州)에서 남군의 사령관 로버트 리(Robert Edward Lee, 1807-1870) 장군을 항복시켰다. 전쟁이 끝난 후 1869년에 미국 육군의 총사령관이 되어 1882년까지 재임하였다.

너럴 셔먼호는 그 이후로 더는 해군 함정이 아니라 영국의 메도우 사 (Meadows Company) 소속의 상선이 되었다. 이 배는 텐진항에서 조선에서 팔릴만한 비단, 유리그릇, 천리경, 자명종 등을 적재하고 즈푸항으로 왔다. 토마스가 어떻게 이 배에 승선하게 되었는지는 분명하지 않다. 어떤 이는 조선과의 교역을 원하는 제너럴 셔먼호의 입장에서 조선을 방문한 경험이 있는 토마스가 필요했을 것이라고 주장하기도 한다. 여하튼 조선행을 의도했던 토마스에게는 참으로 좋은 기회가 아닐 수 없었다.

토마스가 제너럴 셔먼호에 승선한 날은 베이징을 떠난 지 26일이 되는 1866년 8월 9일이었다. 이날 셔먼호는 토마스를 싣고 조선으로 향했다. 토마스는 윌리엄슨으로부터 상당한 양의 한문 성경과 기독교 서적들을 공급받았다. 즈푸항을 떠난 제너럴 셔먼호의 첫 경유지는 백령도의 두문진 항이었다. 이곳에서 토마스는 만나는 사람들에게 가지고 간 성경을 나누어 주었다. 제너럴 셔먼호가 백령도를 떠나 다음으로 기항한 곳은 돗섬이었다.

여기서 토마스는 1차 선교 여행 때 자신을 한국까지 데려다 줄 중국인 서장 우웬타이를 만나게 된다. 그는 우웬타이에게 대동강을 지나 평양까지의 길 안내를 부탁하였다. 우웬타이는 여러 차례 조선의 해안을 왕래하며 장사했던 지리에 밝은 중국인이었다. 이렇게 우웬타이를 실은 제너럴 셔먼호는 대동강 안쪽으로 항진하기 시작했다. 최근 조선 정부가 외국 선박의 입항이나 접촉을 금지하고 있음을 알고 있었던 우웬타이 일행은 안전을 위해 더 이상의 항진을 우려했지만 제너럴 셔먼호의 선장과 선주는 우웬타이 경고를 무시하였다. 결국 우웬타이와 그 일행은 안내를 포기하고 즈푸로 돌아가 버리고 말았다. 하지만 셔먼호는 평양을 향해서 항진을 계속해 나갔다.

6. 대치 상황과 제너럴 셔먼호의 최후

8월 16일 제너럴 셔먼호는 평안도 용강현 다미면 주용포 항에 나타났다. 그리고 17일에는 급수문(急水門)[22]을 지나 항주목 삼전방 송산리(松山里) 앞에 도착하였다. 강둑에는 이양선(異樣船)[23]을 보기 위해 조선인들이 몰려들었고, 조선 관리는 긴급 회합하여 선박의 철수를 요구했지만 셔먼호는 따르지 않았다. 배는 더 진행하여 8월 20일에는 평양 초리방(草里坊) 사포구(沙浦口)에 이르렀다. 마침 장날이어서 수많은 사람들이 이양선을 보기 위해서 몰려들었다. 사람들 중에는 홍신길(洪信吉)이라는 소년도 있었는데, 토마스는 갑판에서 그를 만나 자신의 방으로 인도하여 기독교 문서를 주고 그에게 케이크를 맛보게 했다. 후일에 홍신길은 예수를 믿고 토마스와의 만남과 그가 전해준 성경에 관하여 이야기했다고 한다.[24]

그날 밤에는 인근 쑥개(艾浦) 마을에서 천주교 신자들이 찾아왔다. 그들은 셔먼호를 프랑스 선박으로 오인하여 자신들을 구해줄 배로 알고 찾아온 것이었다. 그중에 두 사람은 다음 해 1867년 1월 서양인과 접촉했다는 이유로 참수당하였다. 다음날 어김없이 조선 관리가 찾아와 선박의 철수를 요구하였다. 하지만 셔먼호는 무시하며 교역을 요청하였다. 조선 관리의 경고를 무시한 것은 셔먼호의 실수였다.

조선 관리들의 경고에도 불구하고 제너럴 셔먼호는 평양으로 계속

---

22) 물목으로 대동강의 폭이 좁아지는 목을 일컫는 말이다. 급수문은 당시 물목이 좁고 수세가 사나워 배들이 밀물을 타고서야 거슬러 오를 수 있었다고 한다.
23) '모양이 이상한 배'라는 뜻으로 조선 후기에 한반도 바닷가에 나타났던 서양의 배를 일컫는 말이다. 당시 서양의 배는 그 모습이 조선의 배와 달랐기 때문에 이렇게 불렀다.
24) 홍신길은 50이 넘어 예수를 믿고 하리교회를 세우는 데 중심 역할을 했으며, 그의 아들 홍성준(洪聖濬)은 1914년에 하리교회 초대 장로가 되었다.

항진하여 8월 21일에 평양 초리방 일리(一里) 신장포(新場浦)에 도착했다. 이곳에서도 구경꾼들이 몰려들었고, 토마스는 그들에게 성경책을 나누어주었다. 이때 토마스로부터 《진리역지(眞理易知)》라는 책을 선물로 받은 김영섭(金永燮)은 당시 천도교 교인이었지만 책을 읽는 가운데 기독교 신앙을 받아들이고 개종하였다. 두 아들 김종권(金宗權)과 김성집(金成集)은 후일 장로교회의 장로가 되었다고 한다. 이곳에서도 조선 관리가 나와 선박의 도래 경위를 조사하고 철수를 요구했다.

8월 22일 셔먼호는 평양 만경대의 작은 섬 두로도(豆老島)에 닻을 내렸다. 토마스는 이곳에서 100여 권의 성경을 배포했다. 그때 소식을 들은 평양감사 박규수(朴珪壽, 1807-1876)는 셔먼호의 공격에 대비하여 만경대를 둘러싸는 방어선 구축을 지시했다. 8월 27일에 심각한 사건이 일어났다. 셔먼호 승무원들이 순시대장 중군(中軍) 이현익(李玄益)을 억류한 것이다.[25] 이 일로 인해 조선군과 셔먼호 사이에 총격전이 오고 가기 시작하였다. 이런 혼란한 와중에 박춘권(朴春權)[26]이 혼자 배를 저어 가서 이현익을 구출했다. 8월 31일에는 조선인 7명이 사살되고 5명이 중경상을 입었다. 사태는 점점 더 심각하게 전개되었다. 9월 3일에는 고종이 평양감사 박규수로 하여금 국가 차원에서 공식적인 공격을 지시했다. 이제는 셔먼호와 조선의 대결이 된 셈이었다. 하지만 악재는 연이어 나타났다. 9월 4일 그믐에 강 수위는 낮아졌고 배는 두로

---

25) 이현익이 사로잡힌 이유는 셔먼호 선원들이 입수한 조선의 공식 문서 때문이었다. 조선관리들은 셔먼호 선원들을 유인하여 살해할 목적을 가지고 있었던 듯하다. 그것이 공식문서에 기록되어 있었고, 그 내용을 발견한 셔먼호 선원들이 흥분하여 이현익을 인질로 사로잡은 것이다. 《토마스목사전》, 242.

26) 이현익 휘하의 군관이다. 그는 이 일로 인해서 오위장에 오르게 된다. 토마스를 죽였다는 설이 있으나 정확하지는 않다. 후일에 마펫(Samuel A. Moffet, 1864-1939) 선교사에게 복음을 듣고 기독교인이 되었다고 한다.

도와 이어진 '쑥섬'[27]에 좌초되고 말았다.[28]

　다음 날 박규수는 군사들에게 작은 거룻배에 나무를 싣고 불을 붙여 셔먼호로 접근시킬 것을 명하였다. 불타는 배로 말미암아 셔먼호는 금세 불길에 휩싸이고 말았다. 선원들은 불길을 피해서 강 밖으로 헤엄쳐 나오기 시작하였다. 하지만 강변에는 창을 든 조선군이 정렬해 있었다. 선원들은 조선군의 창에 찔려 차례차례 죽임을 당하였다. 그런 와중에 토마스 목사는 남은 성경책을 배 밖으로 던지기 시작하였다. 그리고 마지막 남은 한 권의 성경책을 안고 배에서 뛰어 내렸다. 하지만 그도 다른 선원들과 마찬가지로 조선군에 의해서 강가로 끌려 나와 죽임을 당하게 된다. 대동강 쑥섬 모래사장에 피를 뿌린 그의 나이는 불과 27세였다.

7. 나가면서

　제너럴 셔먼호 사건은 불행하게 막을 내렸지만 이 일이 신미양요(辛未洋擾, 1871)[29]의 원인이 되었고, 후일에 조미수호통상조약(朝美修好通商條約, 1882)[30]으로 발전하게 된다. 그래서 1884년 의료 선교사 알렌이 입국하게 되며, 그를 이어 언더우드와 아펜젤러 목사들이 조선 땅에 복음을 들고 나타나게 되는 것이다. 토마스의 피는 결코 헛되지 않

---

27) 쑥섬은 쑥이 많은 섬이라는 뜻의 섬인데 실제로 이곳의 쑥은 평양의 명물로 알려져 있다.
28) 그믐은 음력으로 달의 마지막 날인 29일 또는 30일을 뜻한다. 그믐이 될 때에는 밀물과 썰물 사이의 높이 차이, 즉 조수 간만의 차가 가장 크다.
29) 고종 8년(1871년)에 미국이 1866년의 제너럴 셔먼호 사건을 빌미로 조선을 개항시키려고 무력 침략한 사건이다.
30) 고종 19년(1882년)에 조선과 미국 간에 체결된 국교와 통상을 목적으로 한 조약을 가리킨다.

았다. 토마스의 피는 한국교회에 보이지 않는 이정표가 되었으며, 그의 피가 흐른 대동강 물을 마신 평양은 동방의 예루살렘이라고 불릴 만큼 기독교가 크게 부흥하여 일제 강점기 한국교회의 중심지가 되었다.

제3장 언더우드 선교사

1. 들어가면서

미국의 한국 선교는 정치적인 관계가 영향을 미쳤다. 1880년대 이전까지 한국은 기독교가 국법으로 금지된 상태였다. 그래서 선교사들이 함부로 내한하여 복음을 전할 수 없었다. 그런데 1882년에 조미수호통상조약(朝美修好通商條約)이 체결된다. 조미수호통상조약은 조선과 미국 간에 체결된 국교와 통상을 목적으로 한 조약으로서, 1876년 조일 간에 수호통상 관계가 성립되어 조선이 일본에 개항하게 되자 미국도 서둘러서 조선과의 통상조약을 체결하게 된 것이다.

이로써 1883년 5월에 미국 공사관이 설치되고 초대 미국공사로 푸트(Lucius H. Foote)가 입국해서 비준서(批准書)를 받게 된다. 이러한 변화로 말미암아 미국의 선교사 입국이 가능해졌고, 미국교회의 본격적인 한국 선교가 시작되었던 것이다.

미국의 첫 번째 선교사는 알렌(Horace Newton Allen, 1858-1932,

한국명: 안연)¹⁾이었다. 알렌은 의료 선교사였는데 1884년 9월에 입국하였다. 당시만 해도 조선에 완전히 선교가 허락된 때가 아니었기에 그는 미국 공사관의 공의(公醫) 신분으로 입국을 허락받았다. 알렌에 이어서 목사 선교사로 한국에 첫발을 디딘 미국 선교사는 언더우드(Horae G. Underwood, 1859-1916, 한국명: 원두우) 선교사였다. 그는 미국 북장로교 선교부의 파송을 받은 선교사로서 한국교회와 한국장로교회의 초석을 놓은 인물이었다. 언더우드는 자신뿐만 아니라 무려 4대에 걸쳐 한국을 위해서 봉사하였다. 그 누구보다 한국을 사랑한 선교사였다. 조병옥(趙炳玉, 1894-1960) 박사는 故 원두우 박사 기념 동상지(故 元杜尤博士 紀念 銅像志)에서 "故 언더우드 박사는 조선 민족의 큰 친구였었다. 그는 우리의 장래에 흔들리지 않는 신념을 가졌었다"라고 평하고 있다.²⁾

2. 성장 배경

1) 출생과 성장 배경

언더우드는 1859년 7월 19일 영국 런던에서 존(John Underwood)과 엘리자벳(Elisabeth Grant Marie) 사이의 6남매 중 넷째로 태어났다. 언더우드는 그의 나이 5세 때 어머니가 사망하고, 이후로 계모 슬하에

---

1) 알렌은 1884년 12월 갑신정변(甲申政變)때 민영익(閔泳翊, 1860-1914)을 치료해 준 일로 조선 정부의 신임을 얻어 고종의 어의(御醫)로 임명되기도 하였다. 그리고 1885년 4월에는 고종으로부터 병원 설립 허락을 받아서 한국 최초의 신식 병원인 광혜원(廣惠院)을 설립하였다.
2) 이광린, 《초대 언더우드 선교사의 생애》(서울: 연세대학교 출판부, 1991), 1-2.

서 성장하게 된다. 언더우드의 아버지는 교육열이 대단하였다. 그래서 언더우드가 어릴 때는 집 근처의 학교를 다니게 하고, 10살이 되어서는 한 살 위의 형 프레데릭과 함께 프랑스로 유학을 보내 가톨릭교회가 경영하던 기숙학교(Boarding School)에서 공부를 시켰다. 하지만 얼마 있지 않아 아버지는 동업자의 사기로 사업에 실패하게 되고, 미국으로의 이민을 떠나게 된다. 결국 언더우드는 2년간의 프랑스 생활을 정리하고 13세 되던 때에 가족과 함께 미국으로 이주할 수밖에 없었다. 영국에 있을 때 그의 가족은 회중교회에 출석했으나, 미국으로 이주해서는 뉴저지주 뉴 더함(New Durham)[3]에 있는 화란개혁교회(Dutch Reformed Church)에 출석하게 되었다.

2) 교육

언더우드는 그의 나이 17세였던 1877년에 뉴욕대학에 입학하여 1881년에 문학사 학위를 받았다. 그해 가을에 뉴저지 주에 있었던 네덜란드 개혁파 교회의 신학교(Dutch Reformed Theological Seminary)에 입학하였다. 오늘에는 뉴브런즈윅신학교(New Brunswick Theological Seminary)[4]로 불리고 있다. 언더우드는 1884년 봄에 동 신학교를 졸업하고 11월에는 뉴브런즈윅에 있는 장로 감독회에서 목사로 장립받았다. 그리고 언더우드는 어릴 때부터 선교사를 지망하였기 때문에 선교사를 준비하기 위하여 1년 동안 의학 공부를 하기도 했다. 그

---

3) 지금은 North Bergen City라고 불린다.
4) 미국 뉴저지주 뉴브런즈윅에 본교를 둔 신학교로 1784년 리빙스턴(John Henry Livingston, 1746~1825) 박사의 주도로 뉴욕에 처음으로 설립되었으며 1810년에 현재의 자리로 이전되었다. 한국의 처음 선교사였던 언더우드와 이슬람 선교의 아버지 즈웨머(Samuel Marinus Zwemer, 1867-1952)와 같은 유명한 선교사들이 배출된 학교이다.

리고 뉴욕대학에서 문학석사 학위를 취득하기도 하였다. 이렇게 열심히 공부를 했던 언더우드의 마음에는 늘 선교사에 관한 소망이 있었다.

3. 한국을 향한 선교의 걸음

언더우드는 어릴 때부터 선교사가 꿈이었다. 그리고 그가 열네 살이 되던 해에 그는 인도 사람의 강연을 듣고 그때부터 인도 선교사로 갈 생각을 하게 되었다. 앞서 1년간 의학 공부를 한 것도 인도 선교사로 갈 준비를 하기 위함이었다. 그런데 언더우드의 인생길을 바꾸어 놓는 사건이 생겼다. 뉴브런즈윅신학교에 선교사를 자원한 학생들의 모임이 있었는데, 그 모임의 학생 한 명이 한국에 관한 논문을 발표하였다. 그의 논지는 1882년 체결된 조미수호통상조약으로 은둔국 한국이 문호를 개방하게 되었다는 것이다. 그래서 앞으로 한국 선교를 위해 미국교회가 무엇인가를 해야 할 것이며, 누군가 가야만 한다는 것이다. 하지만 1년이 지나도 한국에 가겠다고 나서는 사람은 없었다. 그때 언더우드의 마음에 "왜 너 자신은 가려고 하지 않느냐?" 하는 도전을 받게 된다. 그래서 언더우드는 인도에서 한국으로 선교행로를 변경하게 되었다.

언더우드의 한국행은 북장로교 선교부의 엘린우드(F. F. Ellinwood, 1826-1908)가 도와주었다. 그래서 그는 1884년 7월 28일에 한국의 첫 목사 선교사(clerical missionary)로 임명받게 되었다. 선교사로 임명된 그는 그해 12월 16일 샌프란시스코를 출발하여 1885년 1월 25일 요코하마에 도착하였다. 일본에서는 미국 북장로교에서 파송을 받은 헵번(Dr. James. C. Hepburn, 1815-1911)[5] 선교사의 집에 머물면서 이수정

---

5) 미국 프린스턴대학에서 의학을 공부한 헵번은 일본에서 33년 동안 사역을 하며 메

(李樹廷, 1842-1886)[6]을 통해 우리말을 배우며 한국 선교에 대한 준비를 갖추었다.

이렇게 해서 언더우드가 드디어 인천 제물포항에 입국한 날은 1885년 4월 5일이었다. 미국을 떠난 지 5개월 만에 드디어 한국 땅을 밟게 된 것이다. 그날은 마침 부활절이었다. 언더우드는 미국 북감리회 파송 선교사인 아펜젤러(H. G. Appenzeller, 1858-1902, 한국명: 아편설라)와 함께 입국하였다. 언더우드는 아직 미혼이었지만 아펜젤러는 결혼하였는데 아내가 임신 중이었다. 그렇지만 당시 갑신정변의 회오리 바람 속에 있었던 조선의 정치적 상황을 고려할 때 임신 중인 외국인 여성이 한국에서 거주하게 되는 것은 위험이 뒤따르는 일이었다. 그리하여 언더우드는 서울로 입성을 하였고, 아펜젤러 부부는 다시 일본으로 돌아갔다가 그해 6월 20일에 재입국을 시도하여 서울로 입성하게 되었다.

4. 한국에서의 사역

언더우드가 서울에 들어온 지 3일 뒤에 알렌에 의해 병원이 세워졌다. 언더우드는 그 병원에서 약제사(dispenser)로 일하면서 병원 일을

이지 가쿠인대(明治学院大学)를 설립하고 총장을 지내기도 했다.
6) 이수정은 어릴 때 과거에 급제하여 홍문관 관리를 지내다가 일본으로 가는 신사유람단에 합류하게 된다. 이렇게 건너간 일본에서 조지 낙스(George W. Knox, 1853-1912) 선교사를 통해서 세례를 받고 기독교 신자가 된다. 그 이후로 특히 성경 번역을 위해서 많은 일을 하였으며, 언더우드가 서울에 도착할 때 이수정이 번역한 마가복음을 가슴에 간직하고 있었다. 하지만 그는 4년 뒤에 한국으로 돌아가 순교를 하게 된다. 그의 죽음에 관해서는 여러 설이 있으나 성경을 반포하고 기독교를 전파한 죄로 잡혀서 순교를 했다는 설이 유력하다.

돕기 시작했다.[7] 그 후 1년 뒤에 제중원에 의학교가 시작되자 언더우드는 알렌의 요청을 받아 물리와 화학을 가르치게 되었다. 언더우드는 뉴욕대학 재학시절에 기하학과 천문학, 화학 등을 배웠고, 성적도 좋은 편이었다. 그래서 그는 알렌의 병원에서 물리와 화학을 가르치는 데 어려움을 느끼지 않았다. 아직 기독교가 공인되지 않았던 조선 사회에서 '제중원 교사'라는 직함은 선교 초기에 여러 가지로 언더우드에게 도움이 되었다.

1) 학교 설립

언더우드는 서울에 들어와 정동에 있던 알렌의 집 근처에 숙소를 마련하면서부터 고아원 사업을 계획하였다. 그래서 1886년 3월경에 고아원을 위해 집을 한 채 구입하고, 5월 13일에 고아원 교육사업을 시행하였다. 언더우드의 고아원은 단순히 수용하는데 그치지 않고 고아와 극빈자 아동들에게 기술을 가르쳐 자립하게 만드는 일종의 기술학교 형태를 갖추기 원했다. 이렇게 시작한 언더우드의 학교는 나중에 '예수교 학당(1891년)'과 '민로아 학당(1893년)' 등으로 불리다가, 1905년에는 경신학당으로 정착하여 오늘의 경신학교 모체가 되었다.

경신학교는 배재학당과 더불어 당시 신문화의 선도적 역할을 하였으며, 임시정부 부주석을 지낸 김규식(金奎植 1881-1950) 선생, 임시정부 국무총리 서리를 지낸 안창호(安昌浩, 1878-1938) 선생 등이 이 학교에서 수학하였다. 1915년 4월에는 미국 북장로교, 남북감리교, 캐나다 징로교 신교부의 연합관리로 서울 종로 중앙기독교청년회관을 빌려 경신학교 대학부(大學部)라는 이름으로 대학을 설립하게 된다. 이것이

---

[7] 이광린,《초대 언더우드 선교사의 생애》, 22.

연희전문학교(延禧專門學校)의 시작이 되었다. 1957년에 이 학교는 세브란스 의학전문학교와 통합되어 연세대학교로 발전하여 오늘에 이르고 있다.

2) 전도와 교회 설립

언더우드는 초기 다른 선교사들과 마찬가지로 순회 전도로 복음을 전하였다. 그래서 그가 세운 교회가 경기도 파주와 김포까지 수십 개 교회에 이르고 있다. 대표적인 교회는 서울의 서교동교회[8]와 새문안교회인데, 그중에 새문안교회는 한국 최초의 조직교회라고 할 수 있다. 새문안교회는 1887년 9월 27일 정동에 있는 언더우드의 집에서 한국인 14명이 모여 예배를 드리는 것으로 시작이 되었는데, 초기에는 정동에서 시작되었다고 해서 '정동로교회'라고도 불렀고, 한자 표기를 따라 '신문내교회(新門內敎會)'라고도 불렀다. 새문안교회는 1887년에 두 명의 장로를 택하여 한국 최초의 조직교회가 되었다.

윤치호(尹致昊, 1865-1945)는 그의 영문 일기에서 언더우드를 활동적인 인물(A Hard Working Man)이라고 묘사하였다. 그의 말대로 언더우드는 복음에 대한 열정이 충만한 사람이었다. 그는 서울에 입성한 그해부터 순회 전도를 통해 복음을 전하려고 하였다. 이 문제로 인해서 시기적 적절성을 주장하던 알렌과 충돌을 빚기도 하였다. 하지만 알렌도 언더우드의 열심을 막을 수는 없었다.

---

[8] 언더우드가 세운 서교동교회는 당시 양화진 근처 잔다리에 세워졌다고 해서 '잔다리교회'라고도 불렀다. 잔다리는 '작은 다리'라는 뜻이다. 이렇게 세워진 서교동 교회에서 김포읍교회, 영등포교회, 웅암교회 등이 세워졌고 영등포교회에서 양평동교회와 도림교회가 개척되었다. 따라서 서교동교회는 서울 서부 일대 교회들의 모체 교회가 되었다.

언더우드는 1889년 3월에 시카고 여자 의대를 졸업하고 미국 북장로교 의료 선교사로 입국하여 명성황후의 시의(侍醫)를 맡고 있었던 8살 연상의 '릴리아스 호튼(Lillias Horton, 1852-1921)' 양과 결혼하였다. 언더우드 부부는 신혼여행을 선교여행으로 떠났다. 그래서 의주에 갔을 때, 압록강에서 세례 지원자 33명에게 세례를 베푼 일도 있었다. 이것은 매우 위험한 일이기도 했다. 왜냐하면 이때까지 공개적인 기독교 세례는 나라에서 금하고 있었기 때문이다. 하지만 언더우드는 개의치 않았다. 이렇게 언더우드는 복음의 열정이 대단한 사람이었다.

3) 성경 번역과 문서 운동

1887년 2월 7일 언더우드의 집에서 '한글 성경 역본의 번역과 그 감독을 목적으로 하는 위원회'를 구성하기로 하고 회장에 언더우드를 선출하였다. 그리고 서기에는 아펜젤러가 선출되었고, 위원은 스크랜튼(William B. Scranton, 1856-1922, 한국명: 시란돈)과 헤론((John W. Heron, 1856~1890, 한국명: 혜론)이 맡았다. 1890년에 헤론이 별세함으로 게일(James Scarth Gale, 1863-1937, 한국명: 기일)이 대신 맡아서 하였다. 그리고 1895년 가을에는 레이놀즈(William David Reynolds, 1867-1951, 한국명: 이눌서)가 합류하였다. 성경 번역은 언더우드의 가장 큰 업적 중 하나였다. 언더우드를 비롯한 선교사들의 봉사 결과로 1905년 5월에 신약성경이 역간되었으며, 1910년에 구약성경의 번역을 완료하였다.

언디우드는 성경 번역 사업과 더불어 문서 신교에 있어서도 힘을 썼다. 1889년에는 '대한기독교서회(大韓基督敎書會)'의 전신인 '한국성교서회(聖敎書會)'를 창설하여 문서선교를 시작하였다. 1890년에는 「한영문법」과 「한어사전」(A Concise Dictionary of the Korean Language)을 편찬하였다. 그리고 1897년에는 주간지 「그리스도신문」을 창간하였다. 그는 '조선이 부르는 소리'(1908), '동아시아의 종교'(1910) 등의 여러 저서를 남기기도 했는데, 특히 1908년에 출간한 「한국선교 23년」(For Twenty-three Years, a Missionary in Korea)은 한국교회 초기의 선교사역에 관한 소중한 사료가 되고 있다. 이와 같이 언더우드는 선교사이기 이전에 뛰어난 학자이기도 했다.

4) 초대 총회장

한국교회는 선교사들의 복음을 위한 헌신과 한국인 사역자들의 봉사들로 말미암아 연이어 각처에 교회들이 세워졌다. 초기에 선교사들만으로 교회연합을 조직하였던 선교사들은 얼마 가지 않아 한국인 사역자들과 함께 연합하여 조직하기 시작하였다. 그중 장로교회는 1907년 9월에 평양에서 독노회를 조직하였고, 1912년 9월에 같은 평양에서 조선예수교장로회총회를 조직하게 되었다. 여기에는 미국의 남·북 장로회와 호주 장로회, 캐나다 장로회가 연합으로 참여하였다. 언더우드는 조선예수교장로회총회 초대 총회장이 되었다. 이것은 언더우드에게는 대단한 축복이요 명예였다. 그가 한국에 첫발을 내디딜 때는 제대로 된 교회가 하나도 없고 나라에서도 기독교를 사이비 종교처럼 취급하며 단속하던 시절이었다. 그런데 지금은 교회가 곳곳에 세워져 총회를 조직하기에 이르렀으며 자신이 첫 총회장으로 피임(被任)되었으니 그에게는 너무도 감격스러운 일이 아닐 수 없었다.

5) 교회연합운동

최근 해외 선교지에서는 선교사들 간의 지역 분쟁으로 인하여 여러 문제들이 생겨나기도 한다. 교단이 다른 선교사들은 물론이고, 같은 교단 선교사들 간에도 마찬가지이다. 이러한 현상은 선교사들의 선교지역이 적절하게 분배되지 않고 한쪽으로 쏠리기 때문이다. 이렇게 선교사들의 선교지역이 쏠리는 이유는 가족들의 생활이나 자녀들의 학업 등이 가장 큰 이유가 되기도 한다.

그런데 언더우드는 자신이 속한 장로교는 물론이고 감리교까지 연합하여 선교지역을 분할하여 효과적으로 선교하기로 협정을 맺었다. 그래서 1893년에 미국 남·북장로교, 캐나다 장로교, 호주 장로교의 네 개 장로교와 미국 남·북감리교의 두 개 감리교 간의 선교지역 분할협정[9]이 맺어지게 되었다. 이 협정서에는 지역 분할과 함께 교인들의 이동에 관한 것도 밝히고 있다. 장로교회와 감리교회 간에 교인들의 이동을 인정하고, 대신에 이명증서를 반드시 지참해야 하며, 교단 간에 서로 권징을 인정해 주기로 협약을 한 것이다. 이것은 오늘날과 비교하면 획기적인 협정이 아닐 수 없다. 그동안 여러 교파로 분립된 기독교가 한국 땅에서 만큼은 하나의 기독교가 되는 순간이었다. 이렇게 언더우드는 다른 선교사들과 함께 교회의 연합운동에도 노력을 기울였다.

이러한 노력이 1890년 성교서회(聖敎書會)로 열매를 맺어 교파 구분 없이 단일 기독교 문서운동으로 자리 잡게 되고, 후일에 대한기독교서회로 발전하게 된다. 그리고 교단연합으로 성경번역위원회를 구성하여 교파를 떠나 장로교와 감리교 선교부가 공동으로 성경을 번역하는 일을 함으로 말미암아 오늘날 한국교회가 교파와 상관없이 하나의 성

---

9) 1과에서 예양협정(禮壤協定, Comity Agreement)으로 소개하였다.

경을 가지게 된 것이다. 언더우드는 1887년부터 세상을 떠나기까지 번역위원회 위원장으로 활동하며 모든 선교사들과 함께 연합하여 이 위대한 일을 잘 수행하여 한국교회에 큰 유산을 남겨 주었다.

그는 또한 한국에서 선교하는 네 개의 장로교가 하나의 단일한 장로교회를 조직할 수 있도록 하는데 큰 기여를 하였다. 1889년에는 호주의 데이비스 선교사가 입국했을 때 미국 북장로교 선교부와 호주 빅토리아장로교 선교부 간의 연합을 위해 미국과 빅토리아 장로교회 연합선교회(The United Council of Missions of the American and Victorian Churches)를 조직하였다. 하지만 안타깝게도 호주의 데이비스 선교사가 사망하게 되자 이 연합 기구는 해산되었다.

1892년에는 미국 남장로교 선교부의 선교사들이 입국하게 되어 다시 1893년 1월에 미국 북장로교 선교부와 미국 남장로교 선교부의 연합체인 장로교회 선교공의회(The Council of Missions Holding the Presbyterian Form of Government)를 조직하게 된다. 이러한 협의체를 기반으로 해서 결국 언더우드는 1907년에 대한장로회 독노회를 조직하게 되었고, 1912년에 조선예수교장로회총회를 조직하게 되었다. 비록 모든 교파가 연합한 조직은 아니었지만 한국교회 안에서는 하나의 장로교회가 조직된 것이었다. 이와 같이 언더우드는 교회가 연합하여 일해야 함을 부르짖었던 선교사였다.

5. 죽음과 유산

일제 강점기 당시에 일본의 교육령은 교육사업에 종사하는 사람은 누구나 일본어를 익혀야만 했다. 이것은 한국 사람에게 일본어 교육을 시켜 한국어를 말살하려는 정책의 일환이었다. 언더우드는 1885년 한국에 온 이래로 30년간 학교를 세우며 교육사업에 종사하였으나 일본어를 하지 못하였다. 그래서 할 수 없이 환갑에 가까운 나이였지만 1916년에 일본으로 건너가 일본어를 공부하기 시작하였다. 그는 속히 일본어를 배워 다시 선교현장으로 가고 싶었다. 그래서 정규과정 외에도 매일 무려 9시간씩 개인지도를 받으며 일본어를 공부하였다.

하지만 이것이 화근이었다. 너무도 무리한 나머지 이전보다 건강이 나빠지고 말았다. 일본으로 건너와서 이 모습을 보게 된 언더우드의 아내는 건강해야 하나님의 일도 할 수 있다고 하면서 잠시 공부를 내려놓고 미국으로 돌아가서 우선 치료를 받을 것을 울면서 간청하였다.[10] 아내의 권고를 받아들여 그해 3월에 잠시 한국에 들어왔다가 미국으로 돌아갔다. 미국에 도착한 후로 한동안 건강이 회복되는 듯 했지만 얼마 후에 웬일인지 계속해서 건강이 나빠지기 시작했다. 여러 사람들의 기도와 돌봄이 있었지만 안타깝게도 그는 1916년 10월 12일에 애틀랜틱 시티에서 하나님 앞으로 가고 말았다. 그때 그의 나이 57세였다. 슬하에 아들 하나를 남겼는데 그가 호러스 호턴 언더우드(Horace Horton Underwood, 1890-1951, 한국명: 원한경(元漢慶))[11]였다.

언더우드는 사망한 뒤에 한동안 아버지와 형이 묻혀 있는 '그로브 교회'(Grove Reformed Church) 소속 묘지에 안장이 되었다. 그리고 80여 년이 지난 1999년에 그가 죽도록 사랑했던 한국으로 다시 와서 서울 마포구 합정동에 있는 양화진 외국인 묘지에 안장되었다. 언더우

---

10) 이광린, 《초대 언더우드 선교사의 생애》, 247.
11) 뉴욕대학에서 신학박사 학위를 받고, 1912년에 미국 북장로교 선교사로 입국하였다. 조선신학교 교수와 교장을 지내고, 연희전문학교 3대 교장 등을 역임하였으며, 광복 후에는 미군정청(United States Military Government in Korea, USAMGIK, 美軍政廳)에서 문교부장을 지내기도 했다.

드는 죽기 전에 "내가 죽어도 한국에서 죽어야 하는데 …" 하는 말을 버릇처럼 했다고 한다.[12] 그의 소원이 드디어 이루어진 것이다. 우리가 너무도 무심하여 그를 많이도 늦게 모셔온 것 같다.

---

12) 안영로, 《한국교회의 선구자 언더우드》 (서울: 쿰란출판사, 2004), 288.

제4장 아펜젤러 선교사

1. 들어가면서

1882년에 조미통상수호조약(朝美修好通商條約)이 체결되어 조선과 미국이 외교 관계를 수립하였고, 1883년에는 조선에 초대 미국 공사가 부임하였고, 조선에서도 미국으로 민영익(閔泳翊, 1860-1914)[1]을 비롯한 외교 사절단을 파송하였다. 사절단이 샌프란시스코에서 기차를 타고 워싱턴으로 가던 중에 기차 안에서 감리교 가우처(John Franklin Goucher, 1845-1922) 목사를 만나게 된다. 가우처 목사는 한국이라는 생소한 나라에 관한 관심이 있었고, 민영익은 교육 분야에서 미국 선교사들의 도움이 필요하다는 이야기를 하였다.

가우처는 그해 1883년 11월 자신이 속한 미 감리회 해외선교부에 개인적으로 선교비 2,000달러를 보내면서 한국 선교를 요청하였다. 미 감리회 해외선교부는 1883년 말에 가우처가 낸 2,000달러에 3,000달

---

[1] 명성황후의 친정 조카로 개화기 개화 업무를 이끌었으며, 한성부판윤, 병조·이조·호조·예조판서 등 고위직을 두루 거쳤다.

러를 더하여 5,000달러를 한국 선교비로 책정하고 일본 주재 선교부 책임자 매클레이(Robert Samuel Maclay, 1824-1907, 한국명: 맥이가)에게 이 사실을 알렸다. 가우처도 1884년 1월 31일 개인적으로 매클레이에게 한국에 나가 선교 가능성을 모색해 달라는 편지를 보냈다.

매클레이는 주한 미국 공사 푸트(Lucius H. Foote)의 협조로 1884년 6월 8일 부인과 함께 요코하마를 출발하여 6월 19일 부산을 경유하여 6월 23일 1시에 제물포항에 도착하였다. 그리고 한강을 거슬러 6월 24일 오후 6시에 서울에 도착하여 미국 공사의 영접을 받았다. 그리고 미국 공사의 주선으로 외교를 담당한 통리교섭아문(統理交涉衙門)[2]에서 나온 사람은 김옥균(金玉均, 1851-1894)이었다. 김옥균은 당시 우승지(右承旨)[3]로서 고종 황제와 거의 매일 국사(國事)를 논하는 사람이었다. 그런데 김옥균은 일본에 있을 때 매클레이와 관계를 가진 적이 있었다. 그래서 매클레이는 김옥균의 도움을 받아 6월 30일에 고종 임금에게 선교 허락 요청 서한을 전달하였다. 그리고 7월 3일에 김옥균으로부터 임금의 윤허 소식을 전해 듣게 된다. 이로써 비록 교육과 의료 사업으로 범위가 제한되었으나 기독교 선교사들의 내한이 공식적으로 허락된 것이다.

이후로 그해 1884년 9월 20일 알렌(Horace Newton Allen, 1858-1932, 한국명: 안연) 의료선교사가 미국 공사의 공의(公醫) 신분으로 입국하였고, 다음 해 미국 북장로교의 언더우드(Horae G. Under-

---

[2] 1880년 12월에 군국 기무 및 외교통상 문제를 총괄할 목적으로 통리기무아문(統理機務衙門)이 설치되었다가, 1882년 6월에 임오군란(壬午軍亂)으로 폐지되었다. 흥선 대원군(興宣大院君, 1820-1898)이 청나라에 잡혀간 후 그해 11월에 외교를 담당하는 통리아문(統理衙門)과 군국과 편민(便民)에 관한 내정 일체를 담당하는 통리내무아문(統理內務衙門)으로 나누어 설치하였다.
[3] 조선시대 승정원의 정3품 당상관직으로 예조와 그 부속 아문에 관련된 왕명의 출납과 보고 업무를 담당하였다.

wood, 1859-1916, 한국명: 원두우) 선교사와 미국 북감리교의 아펜젤러(Henry Gerhard Appenzeller, 1858-1902, 한국명: 아편설라) 선교사가 최초로 공식적인 목사 선교사로 입국하여 기독교의 본격적인 한국 선교가 시작되었다.

2. 아펜젤러의 출생과 어린 시절

아펜젤러는 1858년 2월 6일 펜실베니아주 수더튼에서 농부의 아들로 태어났다. 그의 아버지는 독일계 스위스인이었고, 어머니도 독일계로서 개혁교회 전통을 지키는 경건한 신앙의 가정에서 자라났다. 어릴 때 아펜젤러는 독일 개혁교회에 출석하였다. 아펜젤러는 공립학교를 졸업한 뒤 초등학교 교사를 양성하는 2년제 웨스트체스터 사범학교(West Chester Normal School)에 입학했다. 이 학교 재학 중에 그는 1876년 10월 1일에 장로교회의 부흥회에 참석했다가 부흥사인 플톤(Fulton)의 설교를 듣고 회심을 경험하게 된다. 당시 감리교회는 미국에서 부흥운동이 일어나고 있었다. 거기에 매력을 느낀 아펜젤러는 1879년 4월 20일에 장로교를 떠나 랭카스터 제일감리교회(First United Methodist Church in Lancaster, Pennsylvania)의 입교하여 감리교인이 되었다.

3. 교육

아펜젤러는 1878년에 펜실베니아주 랭카스터(Lancaster)에 있는 프

랭클린 마샬대학(Franklin and Marshall College)에 입학하게 된다. 이 학교는 독일개혁교회와 관련이 있는 학교였다. 1879년에 감리교회로 교적을 옮긴 후 그는 1882년 가을 뉴저지주 메디슨(Madison)의 드류(Drew) 신학교로 옮겨 공부를 계속하게 된다. 아펜젤러는 드류 신학교에서 공부하면서 선교에 관한 확신과 소명을 가지게 되었고, 우선은 일본 선교를 희망하게 되었다. 그가 입교를 한 랭카스터 제일감리교회는 지속적으로 아펜젤러의 후원 교회가 되었고, 후일에 한국선교를 할 때에도 계속해서 충실한 후원 교회가 되었다고 한다.

4. 결혼과 선교여행

아펜젤러는 일본 선교를 희망했고 그의 친한 친구인 줄리안 워즈워드(J. S. Wadsworth)는 한국 선교를 준비하였다. 그런데 워즈워드가 개인적인 사정으로 한국행을 포기할 수밖에 없었다. 그래서 아펜젤러가 친구를 대신하여 선교지를 일본에서 한국으로 바꾸게 된다. 그는 1884년 12월 20일 미 감리교 한국선교부(the Korea Mission of the Methodist Episcopal Church)로부터 한국 선교사로 파송을 받았다.[4] 그가 드류신학교 4학년에 재학 중일 때였다. 이렇게 한국 선교사로 파송이 확정이 될 무렵, 1884년 12월 17일에 랭카스터의 제일감리교회에서 영국에서 미국 메사추세츠로 건너온 청교도 후손인 엘라 닷지(Ella J. Dadge, 1854-1915)와 결혼식을 올리게 되었다.

아펜젤러 부부는 같은 미감리회 소속 선교사인 스크랜턴(William Benton Scranton, 1856-1922, 한국명: 시란돈(施蘭敦)) 가족[5]과 함

---
4) 이덕주 외,《한국선교의 개척자》(서울: 한들출판사, 2015), 269-270.
5) 스크랜턴 가족은 윌리엄 스크랜턴 부부와 딸, 그리고 어머니 메리 스크랜턴(Mary

께 1885년 1월 20일 뉴욕을 출발하여 기차로 샌프란시스코에 도착하여 2월 3일 증기선을 타고 태평양을 건넜다. 2월 27일 일행은 일본 요코하마에 도착하여 일본 주재 미감리회 선교사인 매클레이와 해리스(Merriman C. Harris, 1846-1921) 등의 환영을 받았다.

5. 한국 도착

일본선교부는 불안한 한국의 정치 사회 상황을 고려하여 한국 입국을 1진과 2진으로 나누기로 결정하였다. 그래서 자녀가 없는 아펜젤러 부부가 1진, 가족이 많은 스크랜턴 가정이 2진을 맡기로 했다. 아펜젤러 부부는 3월 23일 요코하마를 출발하였다. 그리고 3월 28일 나가사키에 도착하여, 배를 갈아타고 3월 31일에 부산을 향하여 출발하였는데, 이 배에는 미 북장로교 선교사인 언더우드가 동승하고 있었다. 4월 2일 부산에 도착한 아펜젤러 부부는 부산에서 하루를 묵었다. 그리고 다음 날 부산을 출발하여 4월 5일 오후 3시경 인천 제물포항에 도착하였다. 이때 그의 부인 엘라는 임신 중이었다.

미국 대리공사 폴크(George C. Foulk, 한국명: 복구)는 아펜젤러에게 서울의 상황이 좋지 못하니 당분간 항구를 벗어나지 말 것을 요구하였다. 조선은 갑신정변 후유증으로 외국인에 대한 적대적 감정이 사라지지 않았을 뿐만 아니라 선교사들에게 아직 문호가 개방되어 있지 않은 상황이었다. 더구나 지금 엘라가 임신 중이었기 때문에 아펜젤러의 상황은 더욱 어려웠다. 제물포항에서 5일을 기다린 아펜젤러는 어쩔 수 없이 일본으로 되돌아갈 수밖에 없었다. 이렇게 발걸음을 돌

Fletcher Benton Scranton, 1832-1909)까지 4명이었다.

려 4월 15일에 나가사키에 도착한 아펜젤러는 감리교 선교사 롱(C. S. Long)의 집에서 두 달간 머물며 때를 기다렸다.

미감리회의 한국선교부 선교 관리자(Superintendent)였던 매클레이는 아펜젤러 대신 2진인 스크랜턴을 한국에 먼저 보내기로 한다. 뉴욕 의과대학(New York Medical College)을 졸업한 윌리엄 스크랜턴은 의료 선교사로서 단독으로 내한하게 되었다. 그래서 그는 4월 20일 요코하마를 출발하여 나가사키에서 4월 28일 배를 갈아타고 한국으로 향하여 5월 3일, 마침내 제물포항에 도착하게 된다. 스크랜턴은 서울로 무사히 들어가서 5월 17일 정동(貞洞)[6]에 안착하였다. 그리고 알렌을 도와 제중원의 일을 돌보며 의료 선교를 시작하였다.

이렇게 스크랜턴이 서울에 순조롭게 정착하여 사역을 진행하자 아펜젤러도 다시 내한을 결심하게 된다. 6월 16일 나가사키에서 헤론(John W. Heron, 1856-1890, 한국명: 혜론) 부부와 스크랜턴 박사의 모친, 그리고 스크랜턴 박사의 딸과 함께 다시 한국행에 올라 드디어 6월 20일 제물포에 도착하였다. 스크랜턴 가족과 헤론은 서울로 갔지만 아직 서울에 사택을 준비하지 못한 아펜젤러는 준비될 때까지 제물포에 남아 있어야만 했다. 아펜젤러가 사택을 준비하여 서울 정동에 안착한 것은 1885년 7월 29일의 일이었다.

---

6) 정동은 조선 초 한성부 서부 황화방에 속하였던 곳으로 태조의 계비 신덕왕후의 능침인 정릉(貞陵)이 있었던 곳이라는 데서 '정릉동(貞陵洞)' 혹은 '정동(貞洞)'이라는 이름이 붙여졌다. 한국교회 선교 초기에 내한한 선교사들은, 신변 안전과 통신상의 문제 때문에, 주재 공관 근처에 안착하지 않을 수 없었다. 그래서 미 대사관저가 있던 정동 주변에 우선 자리를 잡아갔던 것이다. 정동제일감리교회와 정동교회(후에 새문안교회로 개명함)가 세워졌던 정동은 한국교회 선교 초기에 미국 북감리교회와 북장로교회의 선교가 시작된 '선교의 요람지'였다.

6. 한국에서의 선교 활동

1) 외국인에 대한 전도 활동

아펜젤러가 한국에 도착한 당시에는 한국 정부가 외국인에게 의료사업과 교육사업 외에는 개방적이지 않았기 때문에 처음부터 한국인에게 복음 전도는 할 수 없었다. 그래서 아펜젤러는 우선 주변의 외국인들에게 성경공부를 가르치기 시작하였다. 매 주일 한국 주재 일본인들에게 선교하고 성경공부를 지도하여 모임에 참석하는 수가 점점 늘어나게 되었다. 이와 함께 1886년 4월 25일 부활주일 오후 3시에 '한국에서 최초의 세례'가 스크랜튼 박사의 딸 마리온(Marion Fitch Scranton)과 자신의 첫 딸인 앨리스(Alice Rebecca), 일본인 하야가와(Hayakawa Tetzya)에게 베풀었다.

2) 배재학당

서울에 도착한 아펜젤러 선교사의 공식 신분은 교사였다. 아펜젤러에 앞서 한국 조정을 방문하여 고종으로부터 의료와 교육을 윤허(允許) 받았던 매클레이 선교사로 인하여 그는 교사 신분으로 서울 땅을 밟게 되었다. 그래서 그는 서울 정동에 안착한 지 불과 4일 만에 두 학생에게 영어를 가르치기 시작하였다. 이것이 한국 최초의 근대 중등사학이라고 할 수 있는 배재학당의 시작이었다.

이처럼 빠르게 학당이 자리를 잡을 수 있었던 것은 당시 미국 대리공사였던 폴크(G. Foulk)가 고종에게 영어학교 설립을 위해 아펜젤러를 소개했기 때문이다. 이렇게 시작한 학교가 공식적으로 문을 연 것은 1886년 6월 8일이었다. 그리고 1887년 2월에 고종이 "유능한 인재를 길러내는 집"(Hall for the rearing of Useful Men)이라는 의미의 '배재학당'(培材學堂)이란 교명을 하사하였다.[7] 그리고 한 달 뒤에 외교통상 업무를 총괄하던 관청인 외아문(外衙門)에서 배재학당의 현판을 보내왔다. 이로써 배재학당은 공식적으로 대한제국이 인정하는 학교가 된 것이다. 배재학당에 대한 소문은 서울뿐만 아니라 지방에까지 퍼져가고 있었다.

배재학당은 영어부를 비롯하여 일본어부, 의학부 등이 설치되었는데, 1888년에는 비공식적으로 신학부를 설치하여 종교교육을 시작하였다.[8] 그 후 1907년에 와서는 정규 신학교로 발전을 하게 되었는데, 오늘날 감리교신학대학의 전신이 되었다. 현재 배재학당의 흔적은 그동안 배재고등학교의 건물로 사용이 되다가 2008년에 건물을 새롭게 단장하여 '배재학당 역사박물관'으로 사용되고 있는 동관(서울시 기념물 제16호)이 서울시 중구 서소문로에 남아 있다.

3) 정동제일교회

1887년 2월 21일, 고종이 배재학당의 교명을 하사한 후부터 아펜젤러를 비롯한 학생들은 전교(傳敎)[9]에 대한 공식적인 허락으로 인정하여 함께 예배 모임을 가지며 성경공부를 하였다. 아펜젤러는 그해 7월

---

7) 조선혜는 자신의 글 "아펜젤러의 삶과 선교 활동"에서 이때 아펜젤러는 이러한 상황을 조선 정부가 조심스럽게 전도사역을 진행해도 좋다는 허락으로 받아들이게 되었다고 설명한다. 그리고 그 일 이후로 배재학당의 학생들이 선교사들이 드리고 있던 예배에 함께 참여하기 시작하였다고 말하고 있다. 이덕주 외, 295.
8) 이덕주 외, 285-286.
9) 전교(傳敎)는 과거에 임금이 내린 명령을 전교라고 불렀는데, 여기서는 교를 전하는 것을 일컬어 말하고 있다.

24일에 배재학당의 학생인 박중상에게 첫 세례를 베풀었다. 한국 감리교회의 첫 세례교인이 탄생한 것이다. 그해 9월 말에 선교부의 허락을 받아 남대문 안에 있는 저경궁(儲慶宮)[10] 근처의 한옥 한 채를 매입하여 이름을 '벧엘(Bethel, 하나님의 집)'이라 정하고, 그해 10월 9일(일요일) 한국인 4명과 함께 첫 예배를 드렸다. 이것이 오늘날 정동제일감리교회의 시작이었다. 이날 아펜젤러는 자신의 일기에 다음과 같이 기록하고 있다.

"예배에는 4명의 한국인이 참석하였는데, 2명의 권서인, 강 씨, 그리고 구도자요 진리를 믿고 있는 최 씨의 아내 등이었다. 우리는 사방 8자 되는 방에 모여서 한국식으로 앉았다. 내가 영어로 기도하고 시작하였으며 마가복음 1장부터 읽었다. 그 다음에는 형제가 마치는 기도를 인도했다. 모임은 우리들에게 깊은 관심으로 가득 찬 것이었으며, 나는 하나님께 이 모임이 유용하게 사용되는 중심지가 되게 해 달라고 간절히 기도했다."

이렇게 시작한 정동제일교회는 다음 해에 큰 시련을 겪게 된다. 그것은 1888년 5월에 정부가 내린 '전교 금지령'과 뒤이어 일어난 '영아 소동' 때문이었다. 전교 금지령은 명동성당이 궁궐이 내려다보이는 언덕 위에 세워진 것으로 인하여 정부가 기독교 선교 금지령을 내린 것이었고, 영아 소동은 선교사들이 어린아이들을 납치하여 죽인다는 유언비어였다. 이런 일들로 인하여 1888년 가을부터 남자들은 정동의 아펜젤러 사택에서, 그리고 여자들은 스크랜턴 대부인[11]의 집에서 은밀하게

---

10) 조선 제14대 임금인 선조의 후궁 인빈 김씨의 위패를 봉안한 사당으로 중구 남대문로 3가에 위치하고 있다.
11) 이화학당의 창시자이다. 스크랜턴 대부인은 52세 되던 1884년 미국 감리회 해외 여선교회로부터 한국 선교사로 임명받고, 이듬해 외아들 윌리엄 내외와 함께 한

집회를 가졌다. 어려운 시기를 보내는 있었지만 성도들은 점점 늘어만 갔다.

    1894년에 이르러서는 남녀가 함께 예배를 드릴 수 있는 예배당을 건축하자는 의견이 모였다. 헌금을 위해 여성 교인들은 머리를 잘라서 건축헌금을 드리기도 했지만, 대부분은 아펜젤러가 미국에서 모금해 왔다. 1895년에 시작된 건축은 1897년 12월 26일에 봉헌예배를 드렸다. 현재는 사적 256호로 지정되어 국가의 보호를 받고있는 정동제일교회 건물이 당시 지어진 건축물이다.

4) 인천 내리교회

    인천 최초의 교회는 내리감리교회이다. 대부분의 기록에서 내리교회는 감리교 선교사였던 아펜젤러가 세운 것으로 밝히고 있다. 아펜젤러가 다시 인천 제물포항에 입항한 것은 1885년 6월 20일이었다. 앞에서 밝힌 대로 아펜젤러는 서울에 집이 마련이 되지 않아서 잠시 제물포에 머물러야만 했다. 그리고 한 달이 더 지난 7월 29일이 되어서야 서울 정동에 들어가게 되었다.

    이렇게 아펜젤러가 제물포에 머물러 있는 동안 그는 화교들이 집단으로 거주하는 지역에서 작은 초가집을 빌려 머물렀고, 화물로 부쳤던 오르간이 1885년 7월 7일에 도착하였다. 이 초가집에서 예배를 드리게 되었는데 이 집과 이 예배가 내리교회의 모태가 되었다.

    이렇게 아펜젤러가 뜻하지 않게 제물포에 잠시 머무르며 예배를 시작했으나 실제로 내리교회의 설립에 큰 기여를 한 사람은 올링거

    국에 들어왔다. 대부인은 함께 온 며느리 '스크랜턴 부인'과 구별하기 위해서 「대부인」으로 불린다.

(Frankin, Ohlinger, 1845-1919, 한국명: 무림길) 선교사와[12] 전도인 노병일이었다. 올링거 선교사는 전도인 노병일을 인천에 파송하여 먼저 전도를 하게 하였다. 그리고 김기범을 비롯하여 이명숙, 장경화 등의 교인을 얻었고, 1890년 안골(내리)에 6칸 초가집을 마련하여 집회를 시작하게 되었는데, 이것이 내리교회의 본격적인 시작이라고 할 수 있다.

7. 그 외 선교 활동

아펜젤러의 활동은 복음 전도와 교육 활동뿐만 아니라, 성경 번역과 출판을 통한 문서 전도에도 많은 힘을 기울였다. 그래서 장로교 선교사인 언더우드와 교파를 초월하여 성서공회를 통해 성경을 번역하고 출판하는 일에 힘을 다하였다. 이러한 그의 열심은 1902년 군산 앞바다에서 순교할 때까지 계속되었다. 또한, 그는 당시 풍전등화와 같이 어려움에 직면해 있던 이 땅의 애국 운동과 개화운동에도 힘을 보태었다. 그래서 자신이 세운 학교를 통하여 독립운동에 헌신할 지도자들을 양성하고, 독립협회를 결성하여, <독립신문>을 편집하고 발간하는 일에도 관여하였으며, 만민공동회 운동에도 관여하였다. 그는 한국인보다 더 애국자였다.

또한 언더우드 선교사를 비롯한 장로교 선교사들과 함께 '장감 연합선교협의체'를 구성하기도 하였다. 그래서 초기에는 '선교지역 분할

---

12) 올링거 선교사는 1888년 조선에 미국 감리교 선교사로 들어와 6년간 배재학교 교사로 있으면서 우리나라 최초의 근대적 인쇄소를 배재학당 내에 설립했고, <누가복음>을 비롯한 성경과 여러 전도문서들을 출간했다. 그 후 1895년에 중국 선교사로 파송받아 1911년까지 중국에서 사역하다가 미국으로 돌아가 1919년에 잠들었다.

협정'(혹은 예양협정)을 맺기도 하여 선교지의 지역 분배를 통한 원활한 선교 활동을 추진하기도 하였다. 장로교 언더우드 선교사의 곁에는 늘 감리교 아펜젤러 선교사가 있었다. 적어도 두 사람에게는 그다지 교파가 중요하지 않았다. 한국 땅에서 모든 개신교회가 하나 되는 역사가 두 선교사를 통하여 펼쳐질 뻔했는데 장로교만 연합이 되어 조선예수교장로회 총회를 구성하게 되었다. 이것은 대단히 아쉬운 일이 아닐 수 없다.

8. 아펜젤러의 순교

아펜젤러의 교육과 선교 등에 대한 원대한 계획은 그가 44세에 순교함으로 인해 더 이상 진행되지 못했다. 아펜젤러는 1902년 6월 11일 목포에서 열리는 성경번역위원회에 참석하기 위해서 목포로 가는 증기선인 구마가와마루(熊川丸) 호를 타고 있었다. 그런데 군산 앞바다를 지나면서 기소가와(木曽川) 호와 충돌사고가 나고 말았다. 밤에 항해하던 중에도 깨어 있던 아펜젤러는 충분히 살 수 있었지만 정신여학교장 수잔 도티(Susan A. Doty, 1861-1931) 선교사로부터 부탁받은 한 여학생을 구출하기 위해서 이리저리 갑판 위를 뛰어다니다가 결국 구조의 순간을 놓쳐 결국 순교하고 말았다.

아펜젤러는 친구를 대신하여 한국 땅을 밟은 선교사였다. 그는 이렇게 늘 다른 사람을 대신하는 희생의 삶을 살았다. 예수님을 대신한 것은 물론이고, 죽음조차도 그는 한국 사람을 대신하여 죽어간 것이다. 그의 죽음은 근대 한국 선교와 독립운동에 있어 막대한 손실이요 큰 비극이었지만, 하나님의 섭리에 의한 것이라 생각한다. 그가 살아 있었다면 장로교와의 연합사업들을 통하여 한국교회를 부흥시키고 확장시키는 데 크게 이바지하였겠지만 어디까지나 사람의 생각일 뿐이다. 하나님은 우리보다 더 크고 위대한 계획을 가지셨을 것이다.

그의 장례식에서 오랫동안 아펜젤러를 지켜보았던 감리교 선교사 존스(George Heber Jones, 1867-1919, 한국명: 조원시)는 다음과 같은 추모의 글을 남겼다.

1902년 6월 11일 45세를 일기로 그는 우리 곁을 떠났다. 그가 사랑했던 조선인들과 함께 사라졌다. 그는 그 흔한 비석도 하나 없이 쓸쓸한 회색빛 바닷속에 잠들어 버렸다. 우리는 그가 죽었다고 말한다. 그러나 그렇지 않다. 왜냐하면, 우리의 마음속에 있는 그는 아직 죽지 않았기 때문이다. 그는 영원히 우리 삶에 살아 있다.

아펜젤러의 순교는 우리 한국교회를 영원히 깨우는 성령의 도구가 될 것이다. 존슨의 말처럼 아펜젤러는 죽은 것이 아니라 우리 한국교회와 성도들 마음에 영원히 살아서 오늘 한국교회에게 나아갈 방향성과 복음을 위한 헌신의 소중함을 가르쳐 주고 있다.

제5장 랜디스 선교사

1. 들어가면서

2017년 5월 인천시 연수구 청학동에 위치한 인천 외국인묘지를 부평구 인천가족공원으로 이장하였다. 그런데 한 무덤에서 100년이 넘은 십자가가 출토되었다. 방금 매장한 것 같은 완벽한 모습으로 100년 동안 땅속에 잠들어 있었던 십자가는 성공회 선교사로 한국에 와서 질병으로 죽기까지 한국인들을 사랑했던 랜디스(Eli B. Landis, 1865-1898년, 한국명: 남득시) 선교사의 십자가였다.

영국 국교회에서 출발한 영국 개신교 교단인 성공회는 다른 개신교회들과는 직제나 예전에서 차이점을 보인다. 교리는 개신교회를 따르지만, 직제(職制)나 예전(禮典)은 가톨릭적인 요소가 남아 있어 목회자를 성공회 신부(주교)라고 호칭하고, 예배당을 성당이라고 부른다.

19세기 말엽 장로교회와 감리교회가 동방의 작은 나라인 한국 선교에 관심을 가질 때 영국 성공회도 관심을 갖기 시작했다. 중국 푸조

우에서 선교하고 있던 영국 성공회 선교사 월프(John R. Wolfe, 1832-1915)가 요양차 일본 나가사키를 들렀다가 알렌을 만나 한국 선교에 관하여 듣게 된다. 1884년 10월 26일 한국에 들러 잠시 둘러보고 중국으로 돌아갔던 월프는 1885년 11월 말에 2명의 중국인 전도인과 함께 부산에 도착하여 주로 경남지역에서 유생들과 담론하며, 기독교의 신앙을 설명하였다. 그리고 1887년 2월에 두 번째로 부산을 방문하여 선교 여행을 하였다. 그해 9월에는 북중국성공회 스코트(Scott)[1] 주교와 일본성공회 비커스테드(E. Bickerstech) 주교가 부산을 방문하여 선교 가능성을 타진하기도 하였다.

이후 그들은 영국의 캔터베리 대주교(Archbishop of Canterbury) 벤슨(Edward W. Benson)에게 지체하지 말고 한국에 선교할 것을 직접 요청하였다. 부산을 방문한 두 주교의 요청이 직접적인 계기가 되어 본격적인 영국성공회의 한국 선교는 1888년 세계성공회 모든 주교들이 모인 영국 람베스 회의(Lambeth Conference)[2]에서 공식적으로 인정하게 되었다.

영국 성공회는 1889년에 종군 사제(군목)였던 코르페(C. John Corfe, 1843-1921, 한국명: 고요한) 주교를 조선 교구의 첫 교구장으로 임명하고 한국에 파송하였다. 코르페 신부는 한국에 들어오기 전에 약 1개월 정도 미국의 큰 도시들을 돌면서 한국 선교에 관한 소개를 하고 동참을 촉구하였다. 그때 외과 의사인 와일스(Julius Wiles, 1828-1896, 한국명: 위대인)[3]와 내과 의사인 랜디스를 만나 한국 선교에 함

---

1) 1891년 9월에 인천 조계지(현, 송학동)에 미카엘성당을 세우는 데 공헌하였다.
2) 런던 교외의 람베스 성에서 개최되는 세계 성공회 주교들의 교회 회의이다. 1867년 캔터베리 대주교 찰스 T. 롱리(Charles T. Longley)의 제안으로 제1차 회의가 개최되었다. 이후 10년에 한 번씩 개최되고 있다.
3) 와일스는 외과 의사로서 1854년 육군에 들어가 군의관(軍醫官)이 되었으며, 1883년 영국 육군의 군의 부감(Deputy Surgeon-General)으로 전역하였다. 그는 코르

께 할 것을 권유하여 세 사람이 한국에 도착하게 되었다.

2. 랜디스의 출생과 성장

랜디스는 스위스 이주민 가정의 7대손으로 1865년 12월 18일 미국 펜실베니아주 랭카스터에서 태어났다. 랜디스는 농사를 짓는 집안이었고 그는 자신의 집안에서 유일하게 대학교육을 받았다. 메노나이츠(Mennonites)[4] 집안 태생인 그는 펜실베니아 대학교 재학 시절에 성공회로 개종하고 필드(Charles Neale Field) 신부에게 세례를 받았다. 그는 펜실베니아 대학에서 의학 박사학위를 취득하고, 고향에 있는 병원과 뉴욕의 올세인츠 요양원에서 근무하기도 하였다. 그러다가 1890년에 한국 선교를 시작하려는 성공회 코르페 주교를 만나게 되어 함께 한국 선교를 위하여 일하기로 결심하게 된다. 이때 그의 나이는 25세였다.

페 주교의 조선 선교를 돕기 위하여 조선 교구 해군 병원기금 책임자로 함께 입국하여 코르페 주교를 돕다가 1893년 런던으로 돌아갔다. 그는 조선에 있는 동안 영국공사관의 담당 의사로 일하면서 받은 보수를 모두 조선의 의료선교에 사용하였다고 한다. 그는 1906년 11월 10일에 영국에서 교통사고로 사망하였다.
4) 네덜란드 종교개혁자 메노 시몬스(Menno Simons, 1496-1561년)가 세운 재세례파 운동의 최대 교파를 말한다. 시몬스는 가톨릭 사제로 독일 뮌스터에서 일어난 재세례파 운동에 가담하게 된다. 하지만 혁명이 실패하자 북유럽에 흩어진 재세례파 교도를 규합해 교회를 세우게 되는데, 이것이 나중에 '메노나이트'란 재세례파가 되었다.

3. 랜디스의 한국 도착

1890년 9월 3일 와일스 선교사가 먼저 입국하고, 이어 29일에 코르페와 랜디스 선교사가 부산을 거쳐 제물포항으로 들어오게 되었다. 이로써 본격적인 영국 성공회의 한국 선교가 시작된 것이다. 이들은 다음 해인 1891년 제물포에서 우선 두 곳의 대지를 마련하였다. 하나는 외국인 조계구역(租界區域)[5] 안쪽에 있는 곳이었고, 다른 하나는 외곽에 위치한 땅이었다. 외곽에 있는 땅에 벽돌로 된 성당(성 미카엘성당)과 사제관을 건축하였다. 성당 건물은 우선 랜디스가 병원을 세울 때까지 임시 진료소로 이용되었는데. 후에는 학교로 사용되기도 하였다.[6]

4. 낙선시의원(樂善施醫院)

그해 1891년 8월에 드디어 인천 선교의 중심지라고 할 수 있는 내동에 낙선시의원(성 루가병원, St. Lukes Hospital)이 건축되었다. 병원은 병실을 특별히 침대로 하지 않고 한국인에게 맞게 온돌로 지어졌다.[7] 이 병원은 1902년에 임시로 러시아 영사관으로도 쓰였고, 1904년에는

---

5) 한 도시의 일부분을 정하여 외국인들에게 임대 가능한 구역으로 정한 곳으로 외국인들에 한하여 어느 정도 치외법권(治外法權)을 인정하기도 하였다.
6) 김영배, "개항기 인천 내동교회 건축물의 형태적 특성에 관한 연구,"(석사학위논문, 인천대학교 산업대학원, 2006), 16-17.
7) 이 병원을 개원한 날이 성 누가 첨례일이었기 때문에 처음에는 '성 루가 병원(St. Lukes Hospital)'이라고 불렀다. 누가는 성경에 의사로 나온다. 랜디스 선교사는 '성 누가병원'이라는 이름을 한국인들이 쉽게 이해할 수 있는 이름으로 바꾸었는데 그것이 '낙선시의원(樂善施醫院)'이었다.

성공회 신학원으로도 사용되었다. 이렇게 운영되다가 6.25 전쟁 때 폭격으로 소실되었다. 병원의 자취는 성당 옆에 남아 있는 표지석으로 확인이 가능하다. 내동성당(성 미카엘성당) 건물도 전쟁 중에 대부분 소실되었는데 1956년에 새롭게 건축하여 현재에 이르고 있다.

5. 한국인을 향한 랜디스의 열정

한국을 향한 렌디스의 열정은 대단한 것이었다. 그는 한국 선교를 결정한 뒤부터 미국의 도서관에서 한국을 공부하기 시작하였고, 한국에 들어와서도 한국어와 한문을 익히는 일에 열심을 다하여 입국한 지 1년 만에 한국어를 매우 유창하게 할 수 있게 되었다.

랜디스 선교사는 입국하자마자 인천 숙소의 방 두 칸을 약품 조제실과 진찰실로 개조하고 환자를 받아들이기 시작하였다. 때로는 하루에 70명 이상의 환자를 진료할 때도 있었다.

일 년 뒤에는 독립된 건물인 성 누가병원(St. Luke's hospital)을 개원하게 되었지만 '성 누가병원'이라는 명칭이 한국인들에게는 당장 아무런 의미를 주지 못한다고 여기고는 얼마 있지 않아 '선행을 베푸는 기쁨을 주는 병원'(the Hospital of Joy in Good Deed)이라는 뜻의 '낙선시의원'(樂善施醫院)으로 간판을 바꾸어 달았다고 한다. 이것은 그가 직접 지은 이름이었는데 이처럼 그가 한국인을 우선으로 생각하고 한국인들에게 다가서기 위하여 힘썼다는 것을 보여주는 일이라고 하겠다. 그는 병원시설도 침대가 아닌 온돌로 할 정도로 철저하게 한국인에게 맞추려고 노력하였다. 그의 의료 행위는 인근에 널리 알려져 약대인(藥大人)이라는 별명으로도 유명했다. 기록에 따르면 그가 내원과 왕진을 겸하며 혼자 감당한 환자는 1892년 한 해에 3594명, 1894년에는 4464명에 이르렀다고 전한다.

6. 랜디스와 고아원

랜디스는 낮에는 병원 일로 분주하였고 저녁에는 아이들에게 영어를 가르쳤다. 약 40명의 학생들을 4반으로 나누어서 매일 저녁 5시에서 8시까지 일주일에 6일을 가르쳤다고 한다. 그는 일주일 내내 제대로 쉴 시간이 없었다. 그의 고달픈 일정은 한국에서 사역하는 8년 동안 계속되었다. 그리고 한국인 고아들을 돌보는 고아원 운영에도 힘을 썼다. 특히 1892년에 고아 중에서 한 명을 입양하여 바나바스(Barnabas)라는 세례명을 주고 아들로 삼기도 하였는데 이것이 인천 최초 고아원의 시작이 되었다. 나중에는 다섯 명의 고아를 길러 영세를 받게 하였다. 그는 한국에 관련된 글을 많이 써서 세계에 알리는 일에도 기여를 하였으며 지금은 연세대학교 도서관에 '랜디스 문고(English Church Mission: Landis Library)'로 보존되고 있다.

7. 랜디스의 최후

그는 당시 나이나 실력으로 볼 때 한국에서 의료선교를 계속해서 얼마든지 더 할 수 있는 능력을 갖추고 있었다. 히지만 애석하게도 그토록 치료하고 싶어 했던 장티푸스가 발병되어 한 달간 투병하다가 불과 32세의 젊은 나이로 하나님의 부르심을 받았는데 1898년 4월 16일의 일이었다. 그가 그토록 애정을 가졌던 인천 최초의 서양의원인 낙선시의원도 그의 죽음과 함께 문을 닫고 말았다.

그의 장례는 제물포 외국인묘지에 안장되었는데, 마지막 떠나는 그의 모습은 그 자신이 그렇게 사랑했던 한국의 두루마기를 입은 모습이었다. 그 후로 1965년에 연수구 청학동에 조성된 외국인묘지로 옮겨졌다가 지금은 인천가족공원 묘지에 외국인 특화묘역이 조성되어 안장되어 있다. 최근에 옮겨질 때 랜디스의 묘에서 십자가가 나왔는데 이것은 인천시립박물관으로 옮겨 보관되고 있다.

선교사들이 대부분 이곳저곳을 다니면서 선교여행을 하는 반면에 랜디스는 인천 사람들을 위해서 8년 동안 불꽃 같은 헌신의 삶을 살다가 갔다. 의료혜택을 제대로 받지 못하는 백성들의 고통을 나누었던 그는 진정한 약대인(藥大人)이었다.

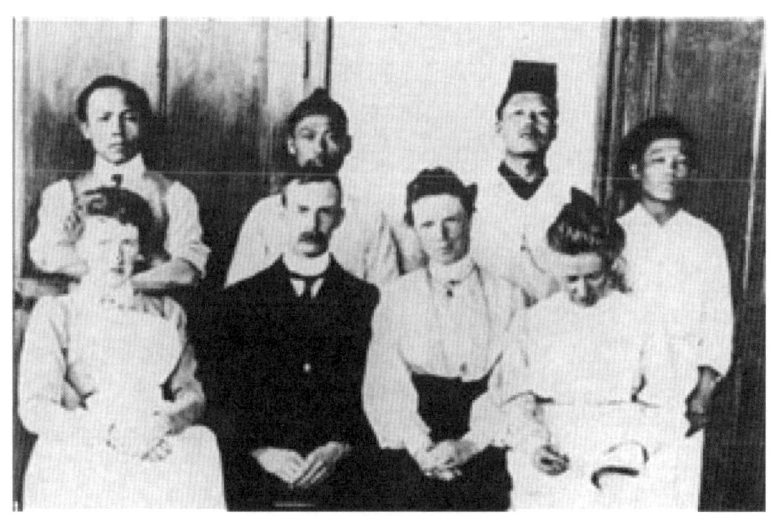

제5장 랜디스 선교사

제6장 코르페 선교사

제7장 레이놀즈 선교사

제8장 유진 벨 선교사

제9장 엥겔 선교사

제10장 오웬 선교사

제6장 코르페 선교사

1. 들어가면서

한국에 입성한 대부분의 선교사들은 주로 2, 30대였다. 그렇게 젊었기 때문에 당시 조선과 같이 이름 없는 나라에 선교를 자원했을 것이고, 열악한 환경에도 불구하고 몸을 돌보지 않고 산을 넘고 강을 건너 복음을 전할 수 있었을 것이다. 그런데 6장에서 소개하려는 영국 성공회 코르페 주교는 당시로 하면 상당히 늦은 나이인 47세에 한국 선교를 시작하였다. 그리고 63세의 고령이 될 때까지 한국 땅을 떠나지 않고 복음을 전하였다. 그는 20년 가까운 기간 동안 비록 고령이었지만 많은 교회를 세우고, 교육과 의료선교에도 힘을 써 한국의 근대화에 큰 기여를 하였다. 그럼에도 불구하고 영국 성공회의 조선교구 초대 주교인 코르페(Charles John Corfe, 1843-1921, 한국명: 고요한) 주교는 한국의 성공회를 제외하고는 기독교계는 물론이고 한국 사회에조차도 제대로 알려져 있지 않다.

2. 출생과 성장

코르페는 1843년 5월 14일 영국의 셀리스버리(Salisbury)에서 태어났다. 그의 아버지는 옥스퍼드대학교(University of Oxford) 내 채플에서 뛰어난 오르간 연주와 작곡 솜씨로 유명했던 음악가였다. 음악가 가정에서 성장한 코프는 옥스퍼드대학에서 신학을 전공해 졸업하고 24살 되던 해인 1867년 해군 군종 사제(Navy Chaplain)를 맡아 종사하기 시작하여 20여 년 동안 서인도제도와 중국을 돌며 군종 사제로 복무했다.

3. 영국 성공회의 한국 선교

영국 국교회인 성공회의 한국 선교는 47세의 코르페 주교가 조선성공회 초대 주교로 임명받아 인천 제물포에 입국하면서부터 시작되었다. 영국 성공회는 동아시아에 파견된 선교사들의 거듭된 한국 선교에 관한 제안을 거절할 수 없었다. 그래서 영국 성공회에서 결정을 하고 해외복음전도협회(SPG)가 2천5백 파운드를 북중국 주재 주교에게 보내면서 한국 선교는 시작되었다. 영국 성공회는 영국 해군 종군 사제인 찰스 코프를 한국 선교 책임자로 선임하였지만 문제가 생겼다. 이것은 '주교 없는 곳에 교회를 가질 수 없다'는 영국 성공회 전통 때문이었다. 따라서 당시 벤슨 캔터베리 대주교는 코르페 사제를 한국에 파송하기 전인 1889년 11월 1일 영국 웨스트민스터 성당에서 그를 주교로 승품하였다.

4. 코르페 주교의 한국 도착

코르페 주교는 한국에 입국하기 전에 1890년 7월 1일부터 한국 선교를 알리고 도움을 청하기 위해 주교 서신으로부터 발전시킨 '모닝캄(The Morning Calm)'이라는 정기 간행물을 발간하기 시작했다. 그리고 1890년 7월 25일부터 약 1개월간 미국의 9개 도시와 캐나다의 8개 도시, 그리고 일본의 3개 도시를 순회하면서 조선에 함께 갈 성공회 신자를 탐문하였다. 이 순회 탐문길에서 코르페는 후일에 함께 한국에 오게 되는 외과의사 와일스와 내과의사 랜디스를 만나게 되고 함께 한국 선교부를 구성하여 한국 선교를 준비하게 된다.

1890년 9월 3일 와일스가 먼저 인천 제물포에 도착하고, 코르페 주교와 랜디스는 9월 26일 오후 함께 부산에 도착하여 하루를 머문 후에 9월 29일 인천에 도착한다. 코르페 주교는 이때부터 1905년에 한국을 떠나기까지 16년 동안 초대 주교로서 한국 성공회의 발전을 위한 초석을 놓았다.

5. 코르페 주교의 한국 사역

1) 의료선교

그는 한국 선교의 방편으로 의료와 교육을 강조했다. 그가 1890년 제물포에 입국하면서 미국인 의사인 랜디스 박사와 영국 해군의 퇴역 의무관 출신 의사인 와일스 등 두 명의 의사와 동행한 것도 이러한 이유 때문이었다. 또한 영국 성공회 성 베드로 수녀회의 도움을 받아 간호교

육을 받은 수녀 2명과 수병(水兵)도 한국에 동행하게 하였다.[1]

제물포항에 입국한 코르페 주교는 곧바로 인천 중구 송학동에 큰 집을 얻어 방 두 칸에 진찰실과 입원실을 꾸렸다. 그는 한국 선교의 첫 번째 방편으로 병원을 선택한 것이었다. 낯선 이국땅에서 복음의 씨앗을 뿌리는 데 우선 원주민들의 마음을 움직이는 것이 가장 중요한 일이라고 생각한 코르페는 ,조선인들의 마음을 움직일 가장 좋은 방법으로 예수님처럼 그들의 육신의 아픔을 먼저 어루만져 주고 치료해 주어야겠다고 생각한 것이다. 그는 이듬해인 1891년 4월 20일 송학동 3가 3(현재 중구 내동 3번지)에 250달러를 주고 외국인 조계지역 터를 구입하였다. 그리고 랜디스와 함께 '성 누가병원'이라는 병원을 짓고는 자신이 생각한 선교적 접근 방법을 본격적으로 시작하였다. 그가 시작한 '성 누가병원'은 인천 최초의 서구식 병원이었다. 하지만 애석하게도 성 누가병원은 닥터 랜디스가 33살의 나이로 죽고 랜디스를 대신할 의사의 충원마저 끊기면서 10년 만에 문을 닫고 말았다.

2) 교육선교

코르페 주교는 의료선교에만 그치지 않고 가는 곳마다 학교를 세워 후세대들에게 근대 서양교육과 기독교 신앙을 가르치기 시작하였다. 그래서 특히 강화와 수원, 천안, 진천 등지에 '진명학교(進明學校)' 또는 '신명학교(新明學校)'라는 초등교육 기관들이 세워졌다.

---

[1] 영국의 '성 베드로수녀회'는 1891년 6명의 수녀들을 파송한 데 이어 모두 18명의 수녀가 파송되었다. 언어와 문화가 다른 이 땅에 복음의 씨를 뿌리고 봉사하며 1940년 일제에 의하여 강제 출국할 때까지 48년간 한국을 위하여 헌신했다. 이렇게 시작된 한국의 간호 역사는 1906년까지 남자 병원인 영국 성공회의 서울 낙동(현재 덕수궁 옆 영국대사관 앞) 성 마태병원과 여자 병원인 정동 성 베드로병원에서 이루어졌다.

3) 교회 설립

한국 최초의 내동교회를 시작으로 서울 정동과 낙동(駱洞, 구 대연각빌딩 부근)[2]에 성공회 교회를 세우고 복음을 전하였다. 특히 그는 교세를 경기도 주변 지역은 물론이고 충청도까지 넓혀가며 복음을 전하는 일에 힘을 다하였다.

코르페 주교는 특히 강화읍교회(1897년)의 설립을 시작으로 강화도 포교에도 집중했다. 이후 강화도에만 양사면 송산교회(1907년), 선원면 내정리교회(1905년), 삼산면 삼산교회(1906년), 길상면 온수리교회(1906년), 길상면 초지리교회(1915년), 불온면 넙성교회(1901년), 양도면 삼흥교회(1901년), 화도면 내리교회(1901년), 화도면 흥왕리교회(1902년), 화도면 선수리교회(1902년) 등 10여 개의 성공회 교회가 급속히 설립되었다. 더구나 코르페가 강화도에서 최초로 설립한 강화읍교회는 1915년 조선 성공회 사상 첫 조선인 신부인 김희준 신부를 배출한 곳이기도 하다.[3]

현재 사적 제424호로 지정되어 보호되고 있는 강화읍교회(강화성당)[4] 건물은 조선인들의 반발과 저항감을 없애려고 특별히 경복궁을 건축했던 도편수(都邊手)를 초빙하여 한옥 기와집으로 지어진 국내 최초의 한옥 성당이다. 사용된 재목은 백두산의 금강송이었다. 함께 동역하며 주로 강화도 지역에서 선교를 담당하였던 트롤로프(M. N. Trollpe, 1862-1930, 한국명: 조마가) 신부가 직접 구입하여 뗏목으로 운반하였다고 한다. 트롤로프 신부는 후일에 주교 서품을 받고 코르페

---

2) 타락(우유)을 파는 집이 있어 타락동이라고 하고 타락골이라고 하였는데 이를 줄여 낙동이라고 부르게 되었다.
3) 김희준 신부는 김군명과 더불어 강화도의 첫 세례자이기도 했다.
4) 설립 초기의 이름은 '성베드로와 바울로 성당'이었다.

신부와 후임자인 터너(Turner, Arthur Beresford, 1862-1910, 한국명: 단아덕) 신부를 이어서 제3대 한국 성공회 주교가 되었다.

6. 코르페의 사임과 죽음

코르페 주교는 1905년 주교 활동을 마치고 한국을 떠난다. 그가 갑자기 떠난 배경에는 랜디스의 죽음과 세브란스 병원의 설립 때문이었다고 전해지고 있다. 다른 선교부보다 지원이 열악한 영국 선교부가 힘들었던 것 같다. 그리고 이미 그의 나이는 60대 중반이었다. 당시로서는 노인이었다. 그는 한국을 떠나 중국 베이징에서 3년 남짓 선교 활동에 종사한 것으로 보고되고 있다. 60대 중반의 나이에도 그는 선교의 사명을 놓지 않았던 것이다. 그리고 1911년 영국으로 귀국하였는데 이후 건강이 악화되어 1921년 6월 30일 고향에서 영면하였다. 그는 그렇게 알아주는 사람 없이 고향에서 조용히 하나님 앞으로 갔지만, 그가 남긴 복음의 흔적은 백여 년이 지난 지금도 이 땅에 그대로 남아 그를 기억하고 있다.

제7장 레이놀즈 선교사

1. 들어가면서

1891년 10월경 미국 북장로교 선교사였던 언더우드가 안식년이 되어 미국에 돌아갔을 때 테네시주 내쉬빌(Nashville)에서 열린 미국신학생선교연맹(the American Inter-Seminary Missionary Alliance)에서 선교 보고와 더불어 선교 강연을 하게 되었다. 이때 이 모임에 참석했던 맥코믹신학교(McCormick Theological Seminary) 학생인 테이트(Lewis Boyd Tate, 1862-1929, 한국명: 최의덕), 유니온신학교(Union Presbyterian Seminary) 학생인 레이놀즈(William Davis Reynolds, 1867-1951, 한국명: 이눌서)가 큰 감동을 받고 한국 선교에 자원하게 된다. 그리고 레이놀즈는 친구 전킨(William McCleery Junckin, 1865-1908, 전위렴)에게 한국을 소개하고 함께 한국으로 선교를 가기로 결심한다.

세 사람은 미국 남장로교회 해외선교부에 한국 선교사로 자원하였다. 하지만 남장로교 선교부는 재정 문제로 난색을 표하였다. 그러자 북장로교 언더우드 선교사와 그의 지인들이 합심하여 5천 달러의 선교비를 헌납함으로 미국 남장로교 선교부는 1892년 8월경에 테이트와 레이놀즈, 그리고 전킨을 한국 초대 선교사로 선정하고 파송을 결정하였다. 그리고 그 외에 4명의 신학생이 자원하였는데 테이트의 동생인 매티 테이트(Miss Mattie Samuel Tate, 1864-1940, 한국명: 최마태), 데이비스(Miss Linnie Davis, 1862-1903), 전킨의 부인 레이번(Mary Leyburn, 1865-1952, 한국명: 전마리아), 그리고 레이놀즈의 부인 볼링(Patsy Bolling, 1868-1962)이었다. 이렇게 일곱 사람이 미국 남장로교 선교부의 초대 선교사로 임명을 받아 1892년 11월 3일 인천의 제물포항을 통하여 한국에 입국하게 됨으로 미국 남장로교회의 선교가 시작되었다.

남장로교 선교사들은 먼저 입국한 미국 북장로교 선교사들의 도움을 받아 서울에 주택을 마련하였다. 그리고 다음 해인 1893년 1월 28일 북장로교 선교사 빈톤(Dr. Cadwallader C. Vinton, 1856-1936, 한국명: 빈돈)의 집에서 장로교 선교사들이 모여 장로교 연합공의회(Council of Mission Holding the Presbyterian Form of Government)를 조직하였다. 레이놀즈 목사는 이 회의에서 의장으로 선출되어 회무를 처리하였는데 첫 번째 연합공의회에서 두 가지 중요한 안건을 채택하였다.

첫째는 예양협정(禮讓協定, Comity Agreements)이었다. 각 선교회가 효과적인 선교사업을 위해서 선교지역을 협의하여 분할하였던 것이다. 남장로교는 아직 선교적 미개척지였던 충청도와 전라도, 그리고 제주도 지역을 맡아 복음을 전하기로 하였다. 둘째는 북장로교 선교사들이 선교정책의 기본원리로 채택했던 네비우스 방법[1]을 다른 선교부

---
1) 19세기 말 한국에 파견된 선교사들을 위해 미국 북장로회 선교부가 당시 중국 치푸(芝罘)에서 활동 중이던 네비우스 선교사의 제안에 따라 채택한 선교정책이

의 선교사들도 공유하여 채택하기로 하였다.

남장로교 선교부의 전라도 선교는 1893년 5월 레이놀즈 목사의 언어 선생인 정해원(鄭海元)을 전주에 보내어 선교부로 사용할 토지를 구입하는 것으로부터 시작되었다.[2] 하지만 얼마 후에 일어난 동학혁명으로 잠시 철수할 수밖에 없었다. 다음 해 남장로교 선교부는 테이트 목사와 그의 누이 동생 테이트 양을 전주에 파송하기로 하였다. 그리고 해리슨(William B. Harrison, 1866-1928, 한국명: 하위렴)과 레이놀즈가 합류하여 전주지역의 복음화가 본격적으로 시작되었고, 처음으로 세워진 교회가 전주서문교회였다.

2. 레이놀즈의 출생과 성장

레이놀즈는 1867년 12월 11일 미국 버지니아 주 노폴크(Norfolk)에서 판사의 아들로 태어났다. 1887년 레이놀즈는 버지니아 햄든 시드니 대학(Hampden-Sydney College)을 최우등으로 졸업하였다. 재학 중에 그는 히브리어, 그리스어, 라틴어, 프랑스어, 독일어 등의 각종 어학에 특별한 재능을 보였다고 한다. 그는 대학을 졸업한 후에 존스 홉킨스 의과대학(Johns Hopkins University Medical School)에서 라틴어

다. 자립, 자전, 자치의 삼자 원리(Three-self Formula : Self-Propagation, Self-Government, Self-Support)를 내세운 네비우스의 선교정책은 1890년에 네비우스가 한국을 방문한 뒤부터 본격적으로 한국장로교회에 자리 잡게 되었다. 전재홍은 한국장로교회에 네비우스 선교정책이 1884년에 처음으로 받아들여졌다고 주장한다(전재홍, "초기 한국장로교회에 있어서 헌법의 형성과정 및 내용에 관한 연구" (박사학위논문, 계명대학교, 2008), 11).

2) 레이놀즈는 마펫과 함께 1892년 12월 충청지방으로 선교 탐방을 떠나 공주와 전주를 방문한 적이 있다.

를 가르치기도 했다. 하지만 부친의 사업 실패로 그 직을 그만두고 초등학교 교장을 2년동안 하기도 하였다. 그때 레이놀즈는 YMCA 활동을 하는 중 선교에 대한 소명을 가지게 되어 버지니아의 유니온신학교(Union Presbyterian Seminary)에 들어가 신학 공부를 하였다. 그리고 재학 중에 전국 신학교선교연맹에서 주최하는 언더우드 선교사의 한국 선교 보고 집회에 참석하여 한국 선교를 지원하게 된 것이다. 그리고 그의 한국행에는 함께 선교를 자원한 부인 팻시 볼링(Patsy B. Reynolds, 1868-1962) 여사가 동행하였다.[3]

3. 한국 도착과 사역

레이놀즈를 비롯하여 미국 남장로교 선교부에서 파송 받은 7명의 선교사들은 1892년 11월 3일 제물포에 도착했다. 7인의 남장로교 선교사들은 북장로교 선교사들의 숙소에 머물다가 서대문 안에 있는 독일 대사의 집을 매입하고 개축하여 이 집을 딕시 하우스(Dixie House)라고 불렀다. 여기서 딕시(Dixie)는 미국 남부를 가리키는 딕시랜드(Dixie Land)라는 별칭의 줄임말이다. 이곳은 처음 2년 동안 미국 남장로교 선교 본부로 사용되었다.

1) 선교여행

그해 12월 레이놀즈와 마펫(Samuel A. Maffett, 1864-1939, 한국명:

---

[3] 레이놀즈와 팻시 볼링은 1892년 5월 5일에 결혼했다. 그녀는 버지니아주 리치몬드 출신이었다. 대학을 졸업한 후에 뉴욕에서 신학 과정을 일 년 수료했다. 그녀는 전주 남자학교에서 교직을 맡아 봉사하였고, 한국에서 45년 동안 적극적으로 활동하였다.

마포삼열, 대한예수교장로회신학교를 세운 미국 북장로교 선교사)은 충청도 지방으로 선교여행을 했다. 조랑말을 탄 그들은 공주와 전주를 방문하여 자신들이 선교해야 할 지역들을 살피기 시작했다. 1893년 초에는 어학 선생과 함께 강화도로 선교여행을 갔다. 그리고 1894년도 3월에는 의료선교사로 막 입국한 드루(A. D. Drew, 1859-1924, 한국명: 유대모) 선교사와 함께 남장로교 선교부로 분할된 전라도 지역을 돌아보았다.

선교탐방은 약 한 달간 계속되었다. 이들은 인천을 출발하여 먼저 전라도의 관문인 군산에 도착하여 참사(參事)[4]를 만나 전도하였다. 그리고 전주에 들러 테이트 선교사와 며칠간 교제를 나누고는 남쪽으로 선교여행을 계속하여 김제, 영광, 함평, 무안, 우수영, 순천을 거쳐 부산까지 가게 되었다. 험악한 날씨와 빈대가 우글거리는 방에서 고통을 당해야 했고, 술 취한 나룻배 선장을 만나 죽을 고비를 넘기기도 했다. 그렇게 겨우 부산에 도착해서는 북장로교 베어드 선교사를 만나 목욕을 하고 식사를 하면서 육신의 노고를 잠시 잊을 수 있었다. 그리고 부산에서 배를 타고 인천으로 돌아와서 딕시하우스로 돌아올 수 있었다. 레이놀즈는 금번 선교여행을 통해서 전주, 군산, 목포, 그리고 순천까지 자신들이 선교부를 세워야 할 곳들을 충분히 돌아볼 수 있었다.

2) 전주 선교

1893년 늦은 봄에 레이놀즈 선교사는 자신의 어학 선생이었던 정해원을 전주로 파송하였다. 정해원은 서울에서 일주일 정도 걸려 전주에 도착하여 주막에 잠시 머물며 지역을 살핀 후에 은송리(지금의 완산

---

4) 조선 시대 정9품의 토관직(土官職).

동)에 행랑채가 딸린 초가집을 구입한다. 그리고 그해 9월에는 자신의 가족들을 데리고 와서 전도하며 예배를 드렸다. 이것이 전주서문교회의 시작이었다.

선교부는 전주 선교를 위해서 테이트 남매를 전주로 파송하였다. 그런데 1894년 5월 31일에 전주가 동학군에게 점령당하자 할 수 없이 선교부는 서울로 철수하였다. 동학운동이 끝난 1895년 2월 레이놀즈 목사와 테이트 목사는 전주에 다시 돌아왔다. 레이놀즈는 서울에서 성경번역위원을 맡고 있기도 했기에 서울과 전주를 자전거로 다니면서 장터와 거리에서 열심히 전도하였다.[5] 레이놀즈는 전주에 선교부를 출범하려고 하였다. 그래서 선교사 사택이 필요하였는데, 레이놀즈는 선교사 사택을 마련하기 위해 직접 노동을 하기도 하였다. 그리고 1897년 3월 6일에 드디어 전주 선교부 출범 예배를 드리게 되었다. 1897년 7월 17일에는 레이놀즈 목사의 설교와 집례로 5명의 신자에게 세례를 주었다. 그들은 김창국, 김내윤, 유씨 부인(유충경의 모), 김씨 부인(김창국의 모), 함씨 부인이었다. 또한 김창국의 조모와 모친은 예수를 믿기로 결심한 전주 최초의 신자들이었다.

3) 목포선교

남장로교 선교부는 목포가 앞으로 자유무역항이 될 것으로 보고 전략적 선교지역으로 분류하였다. 따라서 레이놀즈로부터 선교지역을 탐색하게 하는 1895년도 남장로교 선교회 연례회에서 목포에 땅을 구입하기로 하였다. 레이놀즈 선교사는 유진 벨 선교사와 함께 1896년 2월 11일에 제물포에서 배를 타고 목포로 가서 2,500평의 땅을 구입함

---

5) 자전거로 전주에서 서울까지는 편도로 이틀이나 걸렸다고 한다.

으로 목포선교를 시작하게 되었다. 김양호는 "레이놀즈가 목포를 찾은 첫 선교사였다는 것은 대단한 축복이었다"라고 적고 있다.[6] 레이놀즈는 목포에 관한 일기에서 "목포는 섬 천지였고, 파도가 심한 곳이었다"고 말하고 있다. 그가 구입한 땅은 마을에서 바다 쪽으로 약 800m 정도 떨어진 좋은 곳이었다.

선교부는 목포 선교부를 유진 벨에게 맡겼다. 유진 벨은 선교부가 구입한 땅에 선교부 건물과 교회를 세웠는데 지금의 목포 양동교회다. 이렇게 목포 선교는 성공적으로 진행되었고, 얼마 지나지 않아 교인들이 200명 이상으로 늘어나게 되었다. 그래서 목포 선교부는 1903년에 두 번째 예배당을 건축하였는데 그 이름을 "위더스푼 기념예배당"이라고 명명하였다.

로티 위더스푼(Lottie Witherspoon Bell, 1867-1901)은 유진 벨 선교사의 첫 번째 부인이었다. 하지만 위더스푼은 1901년에 두 아이를 남겨둔 채 갑자기 사망하게 되었다. 그로 인하여 유진 벨 선교사는 목포 선교부를 레이놀즈 선교사에게 잠시 맡겨두고 목포를 떠나 고향으로 돌아가게 되었다. 레이놀즈는 양동교회의 2대 목사가 되었다. 레이놀즈가 목회하는 동안 교회는 전도와 성경을 공부하는 일에 열심이었다. 교인들이 증가하고 교인들 중에는 평양에서 있었던 사경회에 참석하고 와서 은혜를 받아 집집마다 다니며 전도하고 교회에 힘써 충성하는 이도 있었다. 1902년 12월에 유진 벨 선교사가 돌아왔다. 레이놀즈는 다시 유진 벨에게 목포 선교부를 맡기고 서울로 돌아갔다.

---

6) 김양호, 《목포 기독교 이야기》 (서울: 세움북스, 2016), 20.

4) 구리개교회

　레이놀즈 선교사에게는 뜻하지 않은 청빙이 왔다. 북장로교 선교부에서 레이놀즈를 청빙한 것이다. 당시 서울 구리개(銅峴)교회[7](서울중앙교회)가 어려운 상황에 있었는데 가장 원만하게 목회할 사람으로 북장로교 선교사가 아닌 남장로교의 레이놀즈 목사를 청빙한 것이다. 이렇게 레이놀즈는 교단을 초월하여 그 학식과 인품과 신앙을 인정받고 있었다. 청빙을 받은 레이놀즈는 1902년 9월부터 1906년 3월까지 구리개교회를 섬기게 된다. 그리고 3월 이후로는 장로회신학교의 조직신학 교수로 취임하여 사역하게 된다.

5) 성서번역과 문서선교

　1895년 초교파로 성서번역위원회가 조직되었을 때, 레이놀즈는 남장로회 선교부 대표로 번역위원이 되었다. 그리고 마침 1902년부터 1906년까지 서울에 거주하고 있었기에 성경을 번역하는 일에 최선을 다할 수 있었고, 누구보다 히브리어에 능통했기 때문에 특히 구약성경을 완역하는 일에 많은 도움을 주었다.

6) 12신조(信條)와 레이놀즈

　미국 남북장로교회, 캐나다 장로교회와 호주 장로교회는 1902년 조선예수교장로회공의회에서 앞으로 독노회를 위해서는 신경(信經, creed)에 대한 필요성을 인식하고 준비위원을 선정하여 1905년까지 신

---

7) 구리개는 지금의 을지로 2가에 있는 낮은 고개로 구리빛이 나는 고개라 하여 한문으로 동현(銅峴)이라고도 불리웠다.

경을 준비하였다. 준비위원들은 레이놀즈, 베어드(William M. Baird, 1862-1931, 한국명: 배위량), 게일(James Scarth Gale, 1863-1937, 한국명: 기일), 언더우드, 푸트(W. R. Foote, 1869-1930, 중국명: 부두일)가 맡았다. 이들이 모여서 연구한 결과 당시 인도연합장로교회가 취하고 있는 신경이 장로교 전통과 당시 한국의 교회에 가장 적합하다는 결론에 이르게 된다. 이것이 현재 우리가 사용하고 있는 12신조이다. 따라서 이들은 인도연합장로교회에는 없는 집사를 장로 다음에 넣고 서문에 도르트 신경과 같은 것 대신에 신앙고백서를 웨스트민스터 신앙고백서로 한정하여 1907년 독노회를 결성하면서 시험적으로 채택하였다. 그리고 일 년 동안의 수정 기간을 거쳐서 다음 독노회 때 확정함으로 12신조는 조선예수교장로회의 대표 신경이 된 것이다. 이 일을 가능하게 한 사람이 바로 레이놀즈 선교사였다.

7) 예수교장로회신학교와 레이놀즈

레이놀즈는 남장로교 선교부 허락을 받아 1906년부터 1937년까지 장로회신학교 교수직을 수행하였다. 평양에 있는 장로회신학교가 초창기에는 1년에 3개월 동안 집중강의를 하였기에 평양에 상주할 필요가 없었다. 하지만 1921년부터 교과과정이 1년 2학기 제로 개편이 되어 레이놀즈는 평양으로 이사하여 신학교 사역을 계속할 수밖에 없었다. 당시 신학교에는 신학교 교수들의 글을 펴내는 신학잡지인 '신학지남(神學指南)'이 있었다. 레이놀즈는 1917년부터 1937년까지 신학지남의 편집에 관여하여 편집인으로 폭넓게 헌신하였다. 레이놀즈는 조직신학 교수로서 당시 미국 남장로교의 신학적 색채를 따라 보수적이고 근본주의적인 신학을 가르쳤다. 그는 특히 칼빈의 5대 강령을 중요하게 받아들였다. 이렇게 레이놀즈는 은퇴할 때까지 장로회신학교에서 교회 지도자들을 양성하는 일에 남은 인생을 바쳤다.

4. 레이놀즈 선교사의 죽음

레이놀즈 선교사는 1937년에 45년간의 선교사 생활을 마감하고 미국으로 건너갔다. 미국 노스캐롤라이나의 몬트리트(Montreat)에서 12년 동안 지낸 후에 1951년 하나님의 부르심을 받았다. 현재 양화진에는 한국에서 풍토병으로 생을 달리한 첫째 아들 윌리엄 레이놀즈(William D. Reynolds Jr, 1893-1893), 그리고 한국을 자신의 제1 고향이라 불렀던 둘째 아들 존 볼링(John Bolling Reynolds, 1894-1970, 한국명: 이보린)의 묘역이 있다.

레이놀즈는 학교에서 1등을 하던 수재였다. 하지만 그는 25세에 목사안수를 받은 직후 한국으로 건너와 70세에 은퇴할 때까지 인생의 대부분을 한국을 위해 바쳤다. 그는 수재답게 성서번역과 신학교육에 탁월한 재능을 발휘하였다. 그의 뛰어난 한국어 실력은 선교사들의 훌륭한 통역자 역할을 감당하기에 충분했다. 그의 부인도 언제나 사택을 개방하여 사람들을 맞아들였다. 그래서 미혼의 선교사들은 이들 부부를 부모처럼 따랐다. 이렇게 레이놀즈 선교사의 가정은 모든 선교사들에게는 부모님 집과도 같았고, 그들은 그렇게 주변의 선교사들을 자녀들처럼 챙겼다. 그 두 사람의 삶의 모습은 오늘 하나님이 우리에게 주신 달란트를 어떻게 사용해야 하는가를 가르쳐 주는 듯하다. 모든 것을 주고 떠난 레이놀즈 부부를 추억해 본다.

제8장 유진 벨 선교사

1. 들어가면서

　초기 한국교회 선교사 가문 중 한국을 대대로 사랑한 두 가문이 있다. 언더우드(Horae G. Underwood, 1859-1916, 한국명: 원두우) 선교사 가문과 유진 벨(Eugene Bell, 1868-1925, 한국명: 배유지) 선교사 가문이다. 언더우드는 미국 북장로교가 파송한 선교사였고, 유진 벨은 미국 남장로교가 파송한 선교사였다. 이 두 가문의 공통점은 4대째 한국을 떠나지 않고 한국을 섬겼다는 것이다.

　1891년 언더우드가 첫 안식년을 맞아 미국으로 가게 되었는데, 그때 언더우드는 테네시주 내쉬빌(Nashiville)에서 열린 미국신학생선교연맹(the American Inter-Seminary Missionary Alliance)에서 선교 보고와 더불어 선교 강연을 하였다. 이때 강연을 들은 청년들 중에서 한국 선교에 자원한 사람들이 1892년에 내한한 레이놀즈를 비롯한 미국 남장로교의 7인의 선교사들이었다. 뒤이어 1895년 4월 9일에 유진 벨 선교사와 오웬 선교사가 2진으로 남장로교에서 파송을 받아 한국에 오게 된다. 이때 유진 벨의 나이는 27세였다.

2. 출생과 성장 배경

유진 벨은 토마스 선교사가 순교한 2년 후인 1868년 4월 11일 미국 켄터키(Kentuckey)주에서 태어났다. 그는 켄터키주 리치몬드에 남장로교가 설립한 센트럴대학교(Central University)를 1891년에 졸업하고, 센트럴대학이 운영하는 신학 과정을 계속해서 공부하였다. 그리고 1893년에 루이빌신학교(Louisville Presbyterian Theological Seminary)가 개교를 하자 이 학교에 입학하여 1894년에 신학사(B.D.) 학위를 취득하게 된다.

유진 벨은 신학교를 졸업하기 전인 1893년 11월 13일에 한국 선교사로 임명받았고, 1894년 4월 18일 목사 안수를 받았다. 그리고 그해 6월 26일에 루이빌신학교의 은사요 설교학 교수인 토마스 드와이트 위더스푼(Rev, Thomas Dwight Witherspoon, 1836-1898)의 딸인 샬롯 잉그램 위더스푼(Charlotte Ingram Witherspoon Bell, 1867-1901)과 결혼하였다.

3. 한국 도착

유진 벨은 남장로교 제2진 선교사로 아내와 함께 1895년 2월 1일 드디어 머나먼 한국선교의 길에 올랐다. 이렇게 하와이와 일본, 부산과 제물포를 거쳐 마침내 서울에 도착한 것은 4월 9일의 일이었다. 그는 서울 정동에 있는 딕시 하우스(Dixie House)에 머물면서 한국의 풍습과 한국어를 배워 나갔다.

유진 벨이 입국한 시기는 정치적으로 매우 혼란한 시기였다. 그가 입국하여 얼마 지나지 않아 명성황후 시해사건(明成皇后弑害事件)과 을미사변(乙未事變)[1]이 일어났다. 유진 벨은 이때 다른 외국 선교사들과 함께 고종 황제를 경비하는 일을 맡기도 하였다. 이러한 정치적 소용돌이가 지나간 뒤에 남장로교 선교부는 예양협정에 따라 전주와 군산으로 선교를 떠나기 시작하였다. 남장로교 선교부는 전남지역 선교의 교두보를 마련하기 위하여 목포지역에 선교부를 설치하기로 하고 유진 벨을 책임자로 세워 추진하게 하였다.

4. 전라남도 선교

미국 남장로교 선교부의 전라남도 선교는 목포로부터 시작되었다. 그 이유는 목포가 앞으로 자유무역항이 될 수 있을 것으로 보았기 때문이다. 따라서 남장로교 선교부는 전략적으로 1895년도 남장로교 선교회 연례회에서 목포에 땅을 구입하기로 하고, 책임자로 1895년도에 입국한 유진 벨 선교사를 내정하였다. 유진 벨 선교사와 레이놀즈 선교사는 1896년 2월 11일 제물포에서 배를 타고 목포로 가서 2,500평의 땅을 구입하였다.

그런데 한 가지 변수가 생겼다. 1896년 4월경에 자유무역항으로 개

---

[1] 1895년 10월 8일 새벽에 일본공사 미우라 고로가 주동이 된 일본의 자객들이 조선에서의 일본 세력 강화를 목적으로 자행한 조선 왕후(명성황후) 살해사건.

항하려고 했던 목포가 고종의 아관파천(俄館播遷) 사건[2]으로 인하여 무기한 연기되었다. 따라서 남장로교 선교부는 목포선교부 개설을 포기하고 당시 전라도 지역에서 전주 다음으로 '호남의 작은 서울'이라고 불리며 중심 역할을 하던 나주지역에 선교부를 개설하기로 하였다. 하지만 나주는 매우 보수적인 지역이었다. 단발령으로 상투를 자르게 했다고 관찰사 아래 직급인 참서관(參書官)[3]을 살해할 정도로 보수적이었다. 이러한 곳에 선교부를 개설하는 것은 여간 어려운 일이 아니었다. 주민들은 선교사들에게 떠나든지 죽든지 선택을 강요하였다. 결국 선교부는 1897년 10월 28일부터 11월 1일까지 군산에서 열린 남장로교 선교회 연례회에서 나주를 포기하고 목포에 재차 선교부를 개설할 것을 결정하였다. 그리고 유진 벨 선교사에게 목포 선교부를 다시 맡기자 1897년 11월 27일에 유진 벨 선교사가 목포에 도착하여 복음을 전함으로 목포선교부 시대가 본격적으로 시작되었다.

1) 목포선교

목포의 선교는 이미 구입한 2,500평의 땅으로부터 시작되었다. 목포는 유달산을 중심으로 선교부가 위치한 지역과 반대 지역으로 나뉘는데, 목포 선교부가 구입한 지역은 반대편에 비하여 서민들이 사는 지역에 속하였다. 그리고 무엇보다 목포 선교부가 구입한 언덕은 과거에 사람이 죽으면 얼마 동안 초분(草墳)[4]으로 안장해 놓는 일종의 공동묘지

---

2) 일제에 의해서 명성황후가 시해되었던 을미사변(乙未事變) 사건 이후에 일제로부터 신변의 위협을 느낀 고종과 왕세자가 1896년 2월 11일부터 약 1년간 궁궐을 떠나 러시아 공관으로 거처를 옮겨 지낸 사건이다.
3) 정5품인 정랑(正郎)및 좌랑(佐郎)에 해당하는 직급이다.
4) 사람이 죽으면 시신을 곧장 땅에 묻지 않고, 입관한 뒤 돌 축대나 통나무 위에 관을 올려두고 오랜 시간이 지난 뒤에 살이 썩어 없어지면 뼈만 골라 다시 관에 넣어

와 같은 곳이었다.[5] 그래서 저렴한 가격에 땅을 구입할 수 있었다.

어떤 면에서 목포 선교부의 땅은 목포 사람들이 돌아보지 않는 죽은 자의 땅이었지만 하나님께서 이 땅을 산자의 땅으로 만드신 것이다. 지금은 오히려 주변 지역이 반대편 지역보다 상권이 더 발달된 지역이 되었다.

유진 벨의 목포 거처는 말할 수 없이 열악하였다. 어머니에게 보낸 그의 편지에서 우리는 그가 목포에 도착하여 지내던 거처의 어려움에 관하여 살펴볼 수 있다.

> 제가 생각하기에는 어머님이 보신 흑인의 오두막도 이보다 더 더럽지는 않을 겁니다 … 벽돌은 더럽고 연기로 검게 되었습니다. 사실상 내부 전체가 연기로 검게 그을려 있습니다. 왜냐하면 불을 아래서 지필 때, 연기가 뚫고 올라오기 때문입니다. 벼룩 때문에 고생을 하고 있습니다.[6]

목포의 선교는 이렇게 열악한 오두막집에서부터 시작되었다. 다음 해 유진 벨은 자신의 숙소와 예배당을 겸한 선교부 건물의 건축을 시작하였다. 건축은 1898년 6월 10일에 시작하여 8월 16일에 완성이 되었다. 또한 유진 벨은 자신의 어학 선생이며, 선교 동역자였던 한국인 변창연 조사와 함께 열심히 복음을 전하였다. 그는 당시의 상황을 이렇게 전하고 있다.

땅에 묻는 장례의 한 풍습이다.
5) 양동제일교회 100주년기념사업위원회, 《양동제일교회 100년사》 (서울: 쿰란출판사, 1997), 97.
6) Dec. 2, 1897, Eugene Bell, Letter to Mother, 《양동제일교회 100년사》 98, 재인용.

이곳에서 선교사역이 시작된 지는 2년도 채 되지 않았다. 그리고 그 대부분의 시간은 집을 짓고 그 밖에 그것과 관련된 일을 하는 데 사용되었다. 그러나 한 주일에 3번 하나님께 예배하기 위하여 정규시간에 예배에 모이는 회중은 50명에서 75명으로 증가하였다.[7]

이렇게 목포에서의 선교는 성공적으로 진행되었고, 1903년에 두 번째 예배당을 건축하였는데 그 이름을 "위더스푼 기념교회당"이라고 명명하였다. 유진 벨 선교사의 첫 번째 부인이었던 로티 위더스푼(Lottie Witherspoon Bell, 1867-1901)은 1901년 두 아이를 남겨둔 채 갑자기 사망하였다. 유진 벨은 위더스푼이 남겨둔 두 아이를 길러줄 사람이 필요했다. 그래서 목포 선교부를 레이놀즈에게 맡기고 고향인 미국으로 돌아갔다. 유진 벨은 두 아이를 미국에 살고 있던 누이에게 맡기고 2년 후에 목포로 돌아와서 성도들과 함께 '위더스푼 기념교회당'을 건축하였던 것이다.

'위더스푼 기념교회당'이 지어진 뒤로 목포의 교회는 계속 성장하여 교인이 500여 명으로 늘어나게 되었다. 수용이 어려워진 교회는 1910년에 새롭게 돌 예배당을 짓게 되었고, 이 건물에는 현재에도 양동교회 성도들이 예배를 드리고 있다.

2) 광주 선교

1896년 행정구역의 분할로 인해 전라도가 전라남도와 전라북도로 나뉘었다. 그리고 전라북도는 전주가 행정수도가 되었고, 전라남도는 광주가 행정수도가 되었다. 미국 남장로교 선교부는 전라남도의 행정

---

7) Oct. 1900, The Missionary, 469, 《양동제일교회 100년사》 101, 재인용.

중심지가 된 광주에 관심을 갖게 되었다. 남장로교 선교부는 1904년 2월 목포에서 열린 선교사 연례회에서 광주에 선교부를 개설하기로 하고 이 일을 유진 벨 선교사와 오웬 선교사(C. C. Owen, 1897-1909, 한국명: 오기원), 프레스톤 선교사(J. F. Preston, 1875-1975, 한국명: 변요한)에게 맡겼다.

광주 선교부 개설의 사명을 맡은 유진 벨은 먼저 목포교회의 김윤수 집사를 광주로 파송하였다. 김윤수 집사는 1900년에 목포교회에 등록을 한 전직 경찰 반장이었다. 그는 어머니의 손에 난 종기를 오웬 선교사에게 치료를 받고 난 후에 예수를 영접하였다. 그리고 그는 세례를 받기 위해 자신이 운영하던 양조장까지 처분하였다. 이후로 그는 목포교회의 모범적인 교인이 되었는데, 유진 벨 선교사의 광주 선교부 개설에 적극 동의하여 자신이 직접 선교사를 대신하여 먼저 광주로 가기로 한 것이다.

김윤수 집사는 온 가족이 광주로 이사하여 선교사들의 도착에 앞서 광주에 터를 잡고 유진 벨과 오웬이 거처할 집을 마련하였다. 1904년 12월 15일에 사택이 마련되었다는 소식을 들은 두 선교사는 가족들과 함께 광주로 이사를 하였다.[8] 당시에는 기차도 없고, 단지 강을 거슬러 가는 작은 배 밖에 없었기 때문에 선교사들은 이사를 하면서 배멀미를 비롯하여 많은 고생을 하였다.[9] 그렇게 시작된 광주 선교부는 빠르게 성장하였다. 당시 기록은 광주 선교부의 성장을 다음과 같이 증언하고 있다.

---

8) 유진 벨은 1904년 마가렛 불(Margaret Bull, 1873-1919)과 재혼했다. 마가렛은 군산에서 사역하고 있던 윌리엄 불(William F. Bull, 1876-1941, 한국명: 부위렴) 선교사의 여동생으로 버지니아 노포크 (Virginia Norfolk) 출신이었다.
9) 광주교회사연구소, 《광주제일교회 100년사》 (서울: 쿰란출판사, 2006), 212.

몇 주일이 못 되어 배유지 목사 사랑이 좁아서 할 수 없으므로 광주 북문 안에 예배당을 신축하였다.[10]

그 당시 광주 인구가 약 6천 명이었는데, 광주교회는 불과 6년 만에 약 5백 명 이상이 모였다고 한다.[11] 그래서 광주 선교부는 1906년 오늘의 충장로 3가 24번지에 당시 사창(社倉)[12]으로 부르던 빈터를 교회 부지로 임대하여 한옥 50평의 예배당을 신축하고 교회 명칭을 '북문안교회'라고 불렀다.

유진 벨은 1905년 오웬 선교사와 함께 양림동에 근대식 병원 제중원(지금의 광주기독병원 전신)을 개원했다. 1907년에는 유진 벨의 사랑방에서 2명의 남자 아이들을 가르치기 시작했고, 같은 해 문간방에서 3명의 여자 아이들을 가르치기 시작하여, 이후 1908년 광주 숭일학교와 수피아여자학교로 발전하였다.

5. 유진 벨의 시련과 죽음

유진 벨은 1907년부터 1923년까지 평양에 있던 대한예수교장로회 신학교에서 조직신학과 성서학 교수로 강의하였다. 하지만 1919년 유진 벨에게는 큰 시련이 닥쳐왔다. 그것은 두 번째 부인과의 사별이었다. 1919년 3월 26일 유진 벨은 아내와 몇몇 동료 선교사들과 함께 일제의 제암리 학살 현장을 살펴보고 광주로 돌아오는 길이었다. 병점 건

---

10) 전라도선교40주년기념사업회, 전라도선교40주년략력(전주: 1932), 23,《광주제일교회 100년사》, 214, 재인용.
11) 《광주제일교회 100년사》, 213.
12) 조선 시대 곡물 대여 기관으로 지방의 관청에 속한 곳이었다.

널목[13]에서 그가 타고 있는 자동차와 갑자기 나타난 기차가 충돌 사고를 일으킨 것이었다. 이 일로 유진 벨의 둘째 아내 마가렛 불과 크레인(Crane, Paul Sackett, 1889-1919, 한국명: 구보라) 선교사가 현장에서 사망하였다. 유진 벨에게 두 번째 아내와의 갑작스러운 사별은 엄청난 충격이었다. 그래서 유진 벨은 선교사직을 사임하고 모국인 미국으로 돌아가고 말았다.

하지만 세월이 유진 벨을 치료하고 있었다. 2년여가 흘러 1922년 3월 9일에 유진 벨은 다시 광주로 복귀하였다. 그는 광주북문교회를 섬기며 예수교장로회신학교에서 강의를 전담하였다. 그로부터 3년 뒤 1925년 9월 28일에 유진 벨은 과로로 생을 마감하였다.

6. 끝나지 않은 조선을 향한 벨의 사랑

한국을 향한 유진 벨의 헌신은 1925년으로 끝나지 않았다. 어린 나이에 모친을 잃었던 딸 샤롯 벨(Charlotte Bell, 1899-1974)은 미국에서 교육을 받고 장성하여 한국을 방문했다. 이때 21세의 젊은 나이에 한국 선교사로 온 청년 윌리엄 린튼(William Linton, 1891-1960, 한국명: 인돈)을 만나 일본에서 결혼하였다. 조선에서의 린튼은 교육선교사로 활동하였고, 샤롯은 기전여학교 교장으로 있으면서 신사참배의 부당함을 지적하기도 했다. 그러다가 일제에 의하여 추방되었다가 해방 후에 다시 입국하여 1960년 부르심을 받기까지 생의 대부분을 한국에서 헌신했다.

린튼과 샤롯의 손자들인 스티브 린튼(Steve Linton, 1950- , 한국

---

13) 지금의 경기도 화성시.

명: 인세반, 현 유진 벨 재단 이사장)과 막내아들 존 린튼(John Linton, 1959- , 한국명: 인요한, 연세대학교 교수)은 자신들의 외증조부인 유진 벨 선교사의 한국 선교사역 100주년을 기념하여 1995년에 유진 벨 재단을 설립하였다. 1995년은 북한지역의 가뭄과 수해로 인한 극심한 피해들을 돕기 위해 유진 벨 재단은 북한선교의 첫 삽을 뜨게 되었으며, 1997년 북한의 보건성으로부터 결핵 퇴치 공식 지원 요청을 받아 전라남도 순천에 있는 순천기독결핵재활원 내 해외사업부 소속으로 '유진 벨 프로젝트'가 출범하기도 했다. 현재는 주로 북한을 위한 곡물 지원 사업, 결핵 퇴치 운동, 의료 약품 및 장비 지원 등을 하고 있다. 지금까지 약 400억 원이 넘는 의약품과 의료 장비 등이 전달이 되었다.

   120여 년 전에 27살의 젊은 나이에 조선 땅을 밟은 한 청년 선교사는 120여 년이 지난 지금도 한국 땅을 떠나지 않고 분단된 이 나라의 백성들을 위해서 4대째 여전히 헌신하고 있다.

제9장 엥겔 선교사

1. 들어가면서

1876년에 개항된 부산항은 원산(1880년 개항)이나 제물포(1883년 개항)와 비교할 때 가장 큰 규모의 개항지였다. 그래서 일본을 통해 배편으로 조선에 들어오는 모든 선교사들이 처음 밟게 되는 조선의 관문이 부산항이었다.

알렌 선교사나 언더우드, 아펜젤러 선교사들도 인천의 제물포항으로 가기 전에 부산항에 들렀다. 부산의 선교는 1883년 7월 11일 스코틀랜드 성서공회를 통하여 부산에 2천여 권의 복음서를 반입했던 일본의 권서인(勸書人) 나가사까(長板)로부터였다. 나가사까는 약 2개월간 성경을 반포하고 일본으로 돌아갔다. 그 후로 캐나다의 게일((James Scarth Gale) 선교사와 원산 부흥운동과 평양 대부흥운동의 중심인물인 의료 선교사 하디(Hardie Robert A, 1865-1949, 한국명: 하리영) 등이 일 년씩 거쳐 가며 선교 활동을 펼치기도 하였다.

그러나 본격적으로 부산과 경남에 복음을 전한 선교사는 미국 북장로교회 베어드(William M. Baird, 1862-1931, 한국명: 배위량) 선교사였다. 베어드는 1891년 1월 29일 부산항에 도착했지만 서울로 향하여 마펫(Samuel Austin Moffet, 1864-1939, 한국명 마포삼열) 선교사의 집에 머물렀다. 하지만 그해 2월에 있은 선교사 연례회에서 부산지부 설치를 위한 선교사로 임명을 받고 부산 초량 쪽에 선교부지를 준비하고, 9월에 부산에 내려와서 선교관을 짓는 것으로 선교를 시작했다.

미국 북장로교 선교부와 함께 본격적으로 부산 선교를 시작한 선교부는 호주 장로교 선교부였다. 호주 장로교회 첫 선교사는 데이비스(Joseph Henry Davies, 1856-1890, 한국명: 덕배시) 선교사였다. 그는 1889년 10월 부산항을 거쳐 제물포항으로 갔다. 하지만 서울에는 이미 선교사들이 많이 있었다. 그래서 그는 다음 해인 1890년 4월 부산으로 다시 내려갔다. 하지만 과로와 열병으로 부산에 도착한 다음 날 세상을 떠나고 말았다. 이 소식을 들은 호주 장로교회는 1891년 10월 제임스 멕카이(James H. Mackay, 1857-1919, 한국명: 마쾌) 부부[1]를 비롯하여 멘지스(Miss Belle Menzies), 페리(Jean Perry), 퍼셋(Miss. Mary Fawcett)과 같은 여선교사들을 파송하였다.

1900년 2월 29일에는 부산 경남 선교에 큰 족적을 남기고 후에 대한예수교장로회 제2회 총회장을 지내게 되는 엥겔(Gelson Engel, 1868-1954, 한국명: 왕길지) 선교사 가정이 들어오게 된다. 이렇게 시작된 부산 선교는 초기에 미국 북장로교 선교부와 호주 장로교 선교부가 함께 하다가 1903년 10월에 두 선교부에서 선교지역의 조정에 합의하였다. 울산을 포함한 양산과 고성 등의 동남쪽은 호주 선교부가 맡고, 김해와 밀양, 창원을 포함한 동북쪽은 북장로교 선교부가 맡기로 했

---

[1] 부인 사라는 1892년 1월에 겨울을 넘기지 못하고 폐렴으로 세상을 떠났고, 멕카이 목사도 건강이 좋지 않아 1893년 9월에 한국을 떠난다.

다. 그리고 인구가 집중된 지역인 부산과 동래지역, 마산은 두 선교부의 공동구역으로 설정하였다. 1913년 이후로는 북장로교 선교부가 부산과 경남지역에서 완전히 철수하게 되었고, 호주 장로교 선교부가 독점적으로 선교 활동을 계속하게 되었다.

2. 엥겔의 성장배경과 교육

엥겔은 1868년 10월 10일 독일 서남부 슈바벤의 뷔르템베르크(Württemberg)에서 교사였던 다니엘 엥겔(Daniel Friedrich Engel, 1837-1872)과 어머니 케더리나(Catherina, nee Hanzlar, 1843-1911) 사이의 4남매 장남으로 태어났다. 아버지처럼 교사가 되기를 원했던 엥겔은 뉴팅겐(Nürtingen)에 있는 교사 대학(Lehrer Seminar)에 1883년에 입학하여 1887년까지 공부하였다.

1889년 7월 18일 뷔르템베르크의 에빙겐(Ebingen)에서 선교대회와 함께 선교사 파송식이 있었는데 엥겔은 이 모임에서 선교사의 길을 선택을 하게 되었다. 1889년 8월 3일 그는 바젤선교회(Basel Mission Society)[2]에 선교사 지원을 했고, 이 선교회의 선교훈련원에서 3년간 훈련을 받았다. 이렇게 선교사 훈련과정을 마친 그는 에딘버러(Edinburgh)에서 짧은 적응 훈련을 받은 후에 인도의 푸나(Poona)로 파송받아 6년간 사역하게 된다. 그는 인도에서 사역할 때 감리교로 옮겨 감리교 고등학교의 교장으로 봉직하기도 하였다. 교사가 되고자 했던 그의 소원을 이룬 것이다. 그리고 1894년 12월 19일 호주 감리교 목

---
2) 1804년 C. G. 불룸하르트(C. G. Blumhart, 1779-1838)에 의해서 창설되었다. 초기부터 바젤선교회는 선교사들에게 신학 교육과 함께 직업 교육을 실시하여 직업 선교사를 양성하고자 하였다.

사의 딸인 클라라 바스(Miss Clara Bath, 1870-1906)와 결혼하였다. 이렇게 가정을 이룬 그들은 건강 때문에 인도 사역을 계속할 수 없게 되었다. 이들은 1898년에 클라라의 고향인 호주로 이주하여 빅토리아주 스타웰(Stawell)에 거주하면서 하버드 초, 중등학교(Harbard School) 교장으로 섬기면서 '빅토리아주 장로교단(The Presbyterian Church of Victoria)'에 가입하였다.

3. 엥겔의 한국 파송

당시 부산에는 빅토리아주 여전도회연합회"(P.W.M.U)가 파송한 4명의 미혼 여선교사들과 같은 교단의 청년연합회(Y.M.F.U)가 파송한 앤드류 아담슨(Andrew Adamson, 1860-1915, 한국명: 손안로)이 호주 선교부의 선교사로 활동하고 있었다. 그러나 여선교사들은 아담슨 선교사와의 갈등 때문에 그의 감독을 받을 수 없다고 사임서를 제출해 놓은 상태였다. 따라서 교단의 해외선교부와 여선교회연합회는 아담슨을 대신해서 여선교사들을 감독할 수 있는 목사 선교사를 찾고 있었다.

이 소식을 접한 엥겔이 한국 선교사에 자원하였다. 엥겔은 이미 인도에서 6년간의 선교 경험이 있었고, 언어 능력이 탁월하였기에 여전도회연합회는 한국 선교부의 잡음을 해결할 인물로 엥겔을 선택하였다. 그래서 엥겔의 한국행은 단순한 선교가 아니라 호주 장로교회의 일을 해결해야 할 중대한 사명을 가졌다. 엥겔은 호주 장로교회의 한국 선교부를 대표하여 현재 일어난 일들을 해결하고, 여선교사들을 감독할 책임을 가지고 1900년 10월 29일에 내한하게 된다.

엥겔 선교사 부부와 세 아이 넬슨(Nelson)과 허비(Herbert) 그리고 도라(Dora)는 1900년 9월 19일 일본 선박 "카수까 마루(Kasuga Maru)"호를 타고 멜버른을 출발해서 10월 29일 부산항에 도착했다. 그는 한국에 오자마자 열심히 한국어를 공부하여 11월 25일 주일예배 때에 처음으로 한국말로 축도를 하였고, 3~4개월이 지난 1901년 초에는 한국어로 설교할 수 있을 정도가 되었다. 엥겔은 자신의 한국 이름을 왕길지(王吉志)로 정했는데, 그것은 이름의 뜻이 '최고로 좋은 뜻'을 전한다는 의미를 담았기 때문이었다.

4. 엥겔의 한국 교회선교

1) 부산 선교

엥겔은 1919년 평양으로 이사하기까지 부산에서 18년 동안 순회전도자와 목회자로 헌신했다. 당시 아담슨은 경남의 서부지역을 담당했고 엥겔은 울산, 기장을 비롯한 경남의 동부지역을 순회하며 전도하였다. 그는 1914년까지 부산진교회 담임목사로 봉직했으며, 울산과 언양의 12개 교회와 김해의 10개 교회를 감독하고 있었다.

2) 부산진교회

엥겔 선교사는 입국하면서부터 여선교사들이 1892년도에 세운 부산 최초의 교회인 '부산진교회'를 책임지고 운영하였다. 첫 예배 때 63명의 교인이 참석한 것으로 보아 여선교사들이 힘써 선교하였음을 알

수 있었다. 갈수록 교인이 증가하여 얼마 지나지 않아 당회를 구성할 필요성이 제기되었다. 그때 장로로 장립을 받은 사람은 심취명(沈就明)이었다.[3] 그는 1894년 경남지역에서 첫 번째로 세례를 받은 심상현의 동생이었다. 1904년 5월 27일에 장로로 장립을 받음으로 부산 경남 지방의 첫 번째 장로가 되었고, 부산진교회는 당회가 조직된 첫 번째 조직교회가 되었다.

3) 울산 선교

울산에는 부산진교회를 다녔던 이희대라는 사람과 함께 부산진교회 여선교사들이 세운 병영교회가 있다. 부산진교회 여선교사들이 울산 병영에 가서 이희대를 만나고 교회 설립에 관하여 논의한 때가 1900년 5월이었다.

엥겔 선교사는 1901년 4월 12일에 병영교회를 방문하였다. 이후로 엥겔은 부산과 울산을 오가며 병영교회를 든든히 세워 나갔다. 엥겔이 부산에서 울산 병영교회로 갈 수 있는 코스는 두 가지였다. 한 길은 기장과 서생을 거쳐 병영으로 가는 길이었고, 한 길은 양산을 거쳐 언양을 지나 병영으로 들어가는 길이었다. 1901년 4월 12일에는 기장과 서생을 거쳐 병영으로 들어갔다. 그리고 그해 6월 1일에는 경주에서 양산으로 내려가면서 언양을 거쳐 가게 되었다. 엥겔과 일행은 언양읍 성안에서 밥을 먹고 언양천을 건너서 가고 있었다. 그런데 마부가 짐을 실은 말을 놓쳐 버렸다. 말은 남의 밭을 헤집어 놓았다. 하지만 다행스럽게도 그 밭 주인은 엥겔과의 대화를 통해서 예수를 영접하고 기독교인이 되었다. 그렇게 해서 언양에 세워진 교회가 수남교회이다. 이 수남

---

3) 후일에 엥겔은 심취명 장로를 권고해서 예수교장로회신학교에 보냈고, 1914년에 그를 자신의 후임으로 청빙하여 부산진교회의 담임목사로 세웠다.

교회를 통해서 언양제일교회를 비롯하여, 은많은 교회가 세워지게 되고, 엥겔은 병영교회를 갈 때면 언양지역에 들러 이 교회들을 순회하였다고 한다.

이 외에도 엥겔은 경주와 병영으로의 순회전도를 통해서 월평교회를 비롯하여 여러 교회들을 세웠다. 그리고 김해지역에도 열 교회의 당회장을 역임하며 교회들을 돌보았다.

5. 일신여학교

19세기 말 부산에는 극심한 가난으로 인해 버려지거나 신체장애로 가정에서 외면당하는 아이들이 많았다. 그래서 멘지스 선교사를 비롯한 호주에서 온 여선교사들이 1893년부터 부산지방 최초의 고아원을 열었는데 이 고아원 이름이 '미오라(Myoora) 고아원'이었다. '미오라(Myoora)'라는 호주 원주민 언어로 휴양지, 야영지 혹은 안식처란 뜻인데, 이곳 사역을 위해 크게 지원해 주었던 호주 멜버른의 하퍼(Mrs Harper) 부인의 저택 이름이었다고 한다. 호주 선교사들은 1894년 12월에 부산진 좌천동에 기와를 얹은 벽돌집을 건축하였는데 이것이 최초의 호주 선교부 건물이었고, 선교사들은 물론이고 고아들도 이곳으로 옮겨오게 되었다.

고아원에 아동들이 늘어나게 되자 이들을 위한 교육이 필요하게 되었다. 따라서 1895년에는 고아원을 중심으로 여학교를 시작하였는데 이 학교가 부산진 일신여학교의 시작이었다. 일신(日新)이라는 이름은 어학 선생 박신연(朴信淵)이 지었는데 '날로 새로워라'는 뜻으로 지었다고 한다. 1대 교장은 멘지스였고, 2대 교장은 엥겔이 맡았다. 엥겔은 이때부터 1913년 3월 말까지 13년 동안 교장으로 봉사하게 된다. 엥겔은 이미 인도에서 고등학교 교장으로 섬긴 적이 있고, 호주에서도 하버드 초, 중등학교 교장으로 섬긴 적이 있었기에 일신여학교도 큰 어려움 없이 섬겨나갔다.

학생들이 점점 늘어나 제적 학생이 80명이 넘어가자 새로운 교사(校舍)가 필요하게 되었다. 1909년 4월 15일 엥겔은 좌천동 768번지에 단층 서양식 교사(부산시 기념물 제55호)를 짓게 된다. 이 건물이 1931년에 다시 2층으로 증축을 하여 오늘에 이르게 된다.

6. 아내의 죽음과 재혼

엥겔의 아내는 인도에 있을 때 장 질환을 앓았다. 한국에서의 사역에서는 비교적 안정된 생활을 했었다. 하지만 1905년 말부터 질병이 악화되기 시작하였다. 엥겔 선교사는 호주로 가서 치료하기로 하고 1906년 1월 17일 부산을 떠나 호주로 갔다. 그러나 안타깝게도 그의 아내는 1906년 4월 2일 36세의 나이로 세상을 떠났다. 엥겔은 1907년 7월 아내의 친구이면서 여선교사인 아그네스 브라운(Agnes Brown, 1868-1954, 당시 39세)과 호주 멜버른(Melbourne)에서 결혼했다.[4] 1907년 9월 17일 그들은 자녀 두 명과 함께 부산으로 돌아왔다. 브라운은 엥겔과 결혼한 후 3자녀를 출산하였는데 큰 아들 조지(George)는 곧 사망했고, 둘째 아들 프랑크(Frank)는 후에 호주기독교회 WCC 중앙위원이 되었다.

---

4) 브라운 선교사는 호주 발라랏의 에벤에셀(Ebenezer)교회 출신으로 1895년 12월 3일 27세의 나이로 부산에 왔으며, 1900년 10월 이후에는 엥겔의 지도 아래 함께 일해 왔다.

7. 교수로서의 엥겔

엥겔 목사는 1906년에 호주 장로교로부터 교수 요원으로 추천을 받아 평양에 있는 예수교장로회신학교에서 가르치게 되었다. 그는 주로 교회사와 교육학을 강의했다. 1917년에는 신학교의 이사 겸 정교수가 되어 평양으로 이사하게 되었다. 그는 특히 언어 능력이 탁월하여 1928년부터는 히브리어와 헬라어도 가르쳤다. 그는 1916년부터 도서관장을 지내면서 강의시간 외에는 늘 도서관에서 지냈다고 한다. 하루는 채플 시간에 학생들에게 이렇게 광고를 했다. "원래 서책은 무족(無足)이라 자래(自來)하거니와 자거(自去)하지 못하는데 책이 없어졌어요." 이 말은 본래 책은 다리가 없어 걸어 다니지를 못하는데 책이 없어졌다는 것이다. 누군가가 책을 말없이 가지고 갔다는 것을 말하고 있는 것이다. 엥겔은 이렇게 한자어(漢字語)까지도 유창하게 사용할 정도의 언어적 지식을 가지고 있었다. 그는 음악에도 조예가 깊어서 찬송가 편찬위원으로 일했는데 루터의 "내 주는 강한 성이요"를 번역한 것으로 알려져 있다. 또한 미국 선교사 아담스(James E. Adams, 1867-1929, 한국명: 안의와)와 함께 교회 헌법을 제정하기도 했다. 그는 1921년에 선교의 공로를 인정받아 오하이오 우스터 대학에서 명예 신학박사 학위(D.D.)를 받았다.

8. 엥겔과 대한예수교장로회

엥겔은 앞에서 말한 것처럼 독노회가 생기기 전 선교사들의 모임인 장로교 공의회 때부터 교회 정치와 헌법을 다루는 교회 정치위원으로 활동하였다. 노회 활동도 적극적이었다. 제2회 독노회 때는 경상대리회 회장을 지내기도 했다. 제5회 독노회에서 대리회를 노회로 승격시키고 총회를 조직하기로 결의하였다. 따라서 경상대리회는 경상노회가 되었다. 엥겔은 1911년부터 1912년까지 2년간 경상노회장을 역임하고 미국 북장로교회 아담스에게 물려주었다.

1913년 9월 7일에서 11일까지 서울 승동교회에서 열린 제2회 대한예수교장로회 총회에서 엥겔은 언더우드에 이어서 총회장에 피선되었다. 선교사로서 총회장을 역임한 사람은 언더우드와 엥겔 외에 배유지와 마펫(Samuel Austin Moffet, 1864-1939, 한국명: 마포 삼열) 선교사뿐이었다. 총회장 재임기간 중인 1913년 12월 31일에 모인 제7회 경상노회에서 엥겔은 한때 장로로 함께 부산진교회 당회를 이끌었던 심취명 목사를 부산진교회 동사목사로 청빙하여 위임을 받고 함께 일하게 하였다.

1916년 제5회 총회에서 경상노회를 경북노회와 경남노회로 분립하도록 허락을 받고 그해 9월 20일 경남노회를 조직하게 되는데 엥겔은 경남노회의 초대와 2대 노회장을 역임하며 경남노회를 섬겼다. 1919년부터는 장로회신학교 전임교수로 부임하여 가족과 함께 평양에서 생활하게 되어 경남노회를 떠나 평남노회로 소속을 옮기게 되었다. 그 후 평남노회의 분립으로 1921년 제10회 총회부터 평양노회 소속 선교사로 총회에 참석하였다. 이와 같이 엥겔은 각종 치리회에서 열심히 활동함으로 한국 장로교회의 형성에 많은 기여를 하였다.

9. 엥겔의 죽음

호주선교부는 한국교회 초기에 내한한 4개의 장로교 선교부들 중에서 가장 약한 조직이었다. 그러나 엥겔은 제2대 대한예수교장로회 총회장을 역임할 정도로 그의 지도력과 헌신이 선교사들과 한국교회 교인들에게 인정받았다. 엥겔은 내한한 후에 부산과 경남에서 미국의 북장로교 선교부와 선교지 분할협정을 맺는 데 중요한 역할을 했고 1914년 호주 선교부가 부산과 경남에서 단독 선교부가 되는 과정에도 이바지했다.

그리고 엥겔은 탁월한 학문적 소양과 언어 능력을 바탕으로 장로회신학교에서 20여 년 동안 교회의 지도자들을 가르치는 일을 하였다. 하지만 일제에 의해 신사참배 강요가 점점 심해지고 급기야 총회의 결의로 의무적으로 신사참배를 강행하게 되는 어려운 상황이 전개될 시점인 1937년 3월 70세의 나이로 38년의 선교사 생활과 31년의 교수 생활에서 은퇴하고 호주 멜버른으로 귀국하였으며 1939년 5월 24일 멜버른에서 71세에 하나님의 부르심을 받았다. 그의 부인 아그네스 엥겔은 멜버른의 버우드(Burwood)에서 1954년 8월 16일 86세의 일기로 세상을 떠났다. 그가 한국을 떠난 지 약 80여 년이 지나고 있지만 그가 남긴 소중한 유산들은 오늘의 한국교회를 떠받치는 초석이 되고 있다.

제10장 오웬 선교사

1. 들어가면서

2019년은 미국 남장로교 선교사인 오웬(Owen, Clement Carrington, 1867-1909, 한국명: 오기원) 선교사가 전남 동부지역에서 복음을 전하다가 선교 현장에서 순직한 지 110주년이 되는 해이다. 그는 1898년 내한하여 목포에 전남 최초의 진료소를 개설하였고, 1904년에는 유진 벨과 함께 광주 선교부를 개척하기도 하였다. 하지만 그는 불과 42세의 나이로 전라남도 장흥에서 복음을 전하다가 급성폐렴으로 순직하여 광주 선교사 묘지에 최초로 안장되었다.

목포지역의 교회가 유진 벨에 의해서 시작되었다면, 순천을 중심으로 한 전남 동부지역의 교회는 오웬에 의해서 시작이 되었다고 할 수 있다. 오웬은 전남 동부지역의 내륙뿐만 아니라 신안, 진도, 완도와 같은 도서지방에도 찾아다니며 복음을 전하였다. 사실상 전남 동부지역은 오웬의 발걸음이 닿지 않은 곳이 없었다고 해도 과언이 아니다.

전남 동부지역은 레이놀즈를 비롯한 남장로교 선교사들이 1894년 경부터 탐방을 하고 있었다. 하지만 본격적인 선교가 이루어진 것은 1904년 광주 선교부가 개최되고 오웬 선교사가 순천, 광양을 비롯한 전남 동부지역 선교를 맡게 되면서부터였다. 그러나 안타깝게도 오웬 선교사는 1909년 4월 순회전도 여행 중에 병을 얻어 하나님 앞으로 가게 되고, 그 뒤를 이어 프레스톤 선교사(J. F. Preston, 한국명: 변요한)와 코잇 선교사(R. T. Coit, 한국명: 고라복)가 맡아서 선교하게 된다. 그런데 이들이 오웬을 대신하여 전남 동부지역을 맡아서 돌아본 결과에 의하면 이미 이 지역에는 백여 개의 교회들이 있었고, 주일예배에 무려 7천 명 가까운 신자들이 신앙생활을 하고 있었다. 오웬 선교사가 그동안 얼마나 헌신적으로 전남 동부지역을 돌아보며 선교하였는지를 짐작하게 해 준다. 이러한 오웬의 헌신적인 선교로 인하여 오웬 사후 1910년에 프레스톤과 코잇에 의하여 전남 동부지역 선교를 맡을 미국 남장로교 선교부의 새로운 선교부가 순천에 세워지게 된다.

2. 오웬의 출생과 성장

오웬은 1867년 7월 19일 미국 버지니아주 블랙 월너트(Black Walnut)에서 출생하였다. 그가 세 살 때 부친이 그의 곁을 떠났다. 부친과 사별한 후에 그는 할아버지 윌리엄 오웬(William L. Owen) 밑에서 자라났다. 오웬은 평생 할아버지에 대한 고마움과 존경심으로 가득했으며, 후일에 할아버지를 기념하기 위한 병원을 지으려 했다. 오웬의 어머니는 남편이 죽은 후에 재가(再嫁)한 것으로 보인다. 왜냐하면 그가 보낸 편지에 어머니나 직계 형제자매에게 보낸 것은 없고 숙모와 사촌 여동생에게 보내는 것만 남아 있기 때문이다. 1886년 그는 햄든 시드 대학(Hampden-Sydney College)을 졸업하고 같은 해 유니언신학교(UTS)에 입학하여 신학을 전공하였다. 그리고 유니언신학교를 다니는 도중에 그는 좀 더 넓은 세상을 경험하고 싶은 마음에 스코틀랜드 에든버러대학(University of Edinburgh)에 유학을 해서 2년 동안 공부를 하기도 하였다. 이때 그는 영국에서 스펄전 목사를 통해 은혜를 받고, 선교의 꿈을 갖게 되었다. 그래서 해외 선교지에서는 의술이 무엇보다 필요할 것이라는 생각을 하고 버지니아대학교(University of Virginia)에 입학하여 의학을 공부하고 의사 면허증을 취득하였다.

3. 오웬의 한국 도착

오웬은 버지니아 의대 졸업 후 뉴욕에서 의사로 실습을 하고 있었다. 하지만 오웬은 선교에 꿈을 버리지 못하고 같은 버지니아 의대 출신인 드루(A, D, Drew, 1859-1926, 한국명: 유대모) 선교사를 먼저 한국으로 파송하기도 하였다. 오웬은 드루 선교사로부터 한국에 관한 소식을 들으면서 자신도 한국으로 갈 결심을 하게 되었다. 그래서 그는 실습 후에 1897년 미국 남장로교 선교부를 통해서 선교사 임명을 받고, 1898년에 11월 5일 한국에 입국하게 되었다. 그는 입국하자마자 서울 선교부에서 한국어를 배울 시간조차 없이 그 다음 날 선교부로부터 목포 선교부로 발령을 받았다. 그래서 오웬은 1898년 11월 6일에 목포선교부로 부임하여 먼저 부임한 유진 벨과 합류하고 목포에서부터 전라도 사투리 한국어를 배우며 선교를 시작하게 되었다.

4. 전남 최초의 의료진료소

　겨울이 지나고 다음 해 오웬은 목포에 의료진료소를 개설하였다. 오웬이 목포에서 운영하기 시작한 의료진료소는 전남 최초의 서양 의료진료소였다. 1900년 12월 12일에는 미국 필라델피아 여자의과대학(Womens' Medical College, Philadelphia)을 졸업하고 미국 북장로교에서 파송을 받아 서울 제중원에서 여의사로 봉사하고 있던 휘팅(Georgiana E. Whiting, 1869-1952) 의료선교사와 결혼하였다. 미국 북장로교 의료선교사로 경험이 많고 학식이 풍부한 여의사 휘팅 선교사와의 결혼은 오웬에게 큰 힘이 되었고, 여의사를 맞이한 목포 진료소는 이전보다 더 힘을 얻게 되었다
　오웬은 의사와 목사로서 의료사업과 전도 사업을 병행하였다. 진료소는 늘 사람들로 붐볐다. 사람들은 대기표를 받아서 기다려야만 했다. 나무로 된 대기표에는 "하나님은 사랑이시다"라고 적어 놓았다. 또한 진료 후에는 약 봉투를 주었는데, 그 약 봉투에도 성경 구절을 써 놓고 다음에 다시 진료소를 방문할 때는 그 약 봉투를 반드시 다시 가져올 것을 당부하였다. 그렇게 함으로 성경 구절을 한 번 더 눈여겨보게 한 것이다. 이렇게 오웬은 진료도 전도 수단으로 이용하였다. 그리고 그는 시간이 허락하는 대로 동네와 부둣가를 돌아다니며 열심히 전도지를 나누어 주며 전도를 하였다.
　이러한 오웬의 열심 있는 전도로 말미암아 오웬이 처음 목포에 왔을 때 목포의 교회는 겨우 10여 명의 교인들뿐이었는데 약 1년여가 지나면서 평균 80여 명이 출석하는 교회가 되었다. 오웬으로 인해서 목포의 교회는 1900년 3월에 드디어 당회를 구성할 수 있게 되었다. 첫 당회의 당회장은 유진 벨이었고, 당회 서기는 오웬이 맡았다.

5. 광주선교부 개척

1904년 미국 남장로교 선교부는 광주에 선교부를 개설하기로 결정하였다. 1896년 행정구역을 새롭게 분할하면서 전라도를 전라남도와 전라북도로 나누었다. 그리고 전라북도는 전주를 행정수도로 하고, 전라남도는 광주를 행정수도로 하였다. 그래서 남장로교 선교부는 1904년 2월에 목포에서 열린 선교사 연례회에서 광주에 새로운 선교부를 개설하기로 하고 이 일을 유진 벨과 오웬에게 맡기게 된 것이었다. 이에 따라 오웬은 유진 벨과 함께 1904년 12월 19일 광주로 이사하여 시내가 내려다보이는 양림동 언덕을 약 2천 달러에 구입했다. 당시 가격으로도 터무니없이 싼 가격이었다. 거기에는 그럴만한 이유가 있었다. 왜냐하면 선교부가 자리를 잡은 양림동 언덕이 있는 양림산은 해발 108m의 낮은 뒷동산으로 목포 선교부처럼 사람들이 찾지 않는 공동묘지였다. 남도의 장례 풍습은 시신을 매장하지 않고 나무 위에 걸어 놓는 풍장(風葬)이 대부분이었다. 그러니 양림동 언덕 지역은 대낮에도 사람들이 가기를 꺼리는 죽은 자의 땅이었다. 그런 죽은 자의 땅을 오웬은 산자의 땅으로 바꾸어 놓은 것이다.

기존 목포 선교부는 프레스톤(John Fairman Preston, 1875-1975, 한국명: 변요한)과 놀란(Nolan, Joseph wynne, 1850-?), 그리고 스트래퍼(Fredrica E. Straeffer, 한국명: 서부인)에게 맡겼다. 프레스톤이 교회를 맡았고, 놀란은 진료소를 맡았고, 스트래퍼는 교육기관을 맡았다.

6. 전남 동부지역 선교

오웬은 1904년 목포에서 광주로 이주하면서 전도하는 일에 더 열심을 내었다. 유진 벨 선교사가 광주 서북쪽 지역을 맡고, 오웬 선교사가 광주 동남쪽 지역을 맡았다. 오웬은 우선 유진 벨과 함께 광주교회를 설립하였으며[1] 자신이 맡은 광주 동남쪽 지역을 집중적으로 선교해 나갔다. 그래서 완도 관산(冠山)교회를 필두로 해서 1905년에 나주 방산(芳山)교회, 보성 무만(武萬)교회를 설립하였으며 1906년에는 고흥에 옥하(玉下)교회를 설립했다. 1907년에는 화순읍(和順邑)교회와 보성 운림(雲林)교회를 설립하였고 1908년에는 광양읍(光陽邑)교회, 보성 양동(陽洞)교회와 나주 내산(內山)교회를 설립하였다. 그 외에도 오웬은 1908년 한해에만 전남 동부지역 20여 곳에 예배 모임을 새롭게 만들었다.

이러한 그의 열심 있는 복음 전도로 말미암아 후일에 그의 사후에 순천에 전남 동부지역의 교회들을 돌아보며 선교를 책임질 순천 선교부가 세워지게 되었다. 오웬 선교사는 하나님의 부르심을 받는 날까지 무려 340여 개 처나 되는 교회들을 돌아보며 예배를 인도했고, 200여 명에게 세례를 베풀었으며, 430명에게 교리문답을 하였다. 오웬 선교사가 맡은 지역은 매우 넓은 지역이었다. 그는 쉬는 날이 없었다고 한다. 전도를 하고, 교회를 세우고, 지역 교회들을 돌보는 조사(助事)들을 관리하며 쉬는 날도 없이 바쁜 나날을 보냈던 것이다. 가는 곳마다 잠자리가 제대로 준비된 집은 거의 없었다. 불결한 침구와 낙후된 위생 시

---

1) 광주교회는 불과 6년 만에 약 5백 명 이상이 모였다. 그래서 광주 선교부는 1906년 오늘의 충장로 3가 24번지에 당시 사창(社倉, 조선 시대 각 지방 군현의 촌락에 설치된 곡물 대여 기관)으로 부르던 빈터를 임금의 허락을 받아 교회 부지로 임대하여 한옥 50평의 예배당을 신축하였다.

설은 오웬 선교사의 선교여행을 더욱 힘들게 만들었다. 결국 불결한 환경과 하루도 제대로 쉬지 못한 과로가 그의 선교의 걸음을 멈추게 하였다. 그는 자신의 몸을 움직일 수 없을 때까지 복음을 전한 진정한 선교사였다.

7. 오웬의 죽음

1909년 봄 오웬은 광주에서 남쪽으로 100km 떨어진 전남 장흥지역으로 내려가면서 교회를 돌아보며 전도 활동을 하고 있었다. 장흥에 도착한 주일 아침에 오웬은 급성 폐렴으로 고열에 시달리고 있었다. 하지만 주변에 아무도 그를 돌봐주지 않았다. 그는 자신의 몸이 심상치 않음을 감지하였다. 그래서 광주 기독병원의 원장으로 있던 의료선교사 윌슨(Robert M. Wilson, 1880-1963, 한국명: 우일선)에게 연락을 했고, 윌슨은 다시 목포에 있는 포사이드(Wiley Hamilton Forsythe, 1873-1918, 한국명: 보의사)에게 도움을 요청했다. 성도들은 고열에 시달리고 있는 오웬을 가마꾼을 불러 광주까지 실어 날랐다. 광주까지의 거리는 가마를 타고도 3~4일이 걸리는 거리였다. 흔들리는 가마 속에서 오웬은 참을 수 없는 통증을 맛보았다. 여러 날이 지난 후에 오웬은 새벽 2시에 겨우 광주에 도착했다. 의료선교사 윌슨이 최선을 다해 치료했지만 오웬의 병세는 점점 더 심해져만 갔다. 결국 오웬은 1909년 4월 3일 42세의 젊은 나이로 하나님의 부르심을 받았다.

오웬은 11년 동안의 불꽃 같은 선교의 삶을 정리하고 한국을 떠나고 말았다. 오웬이 병상에서 남긴 말은 "그들이 나에게 조금만 안식을 주었더라면…" 이었다고 한다. 그만큼 오웬은 이 땅에서 제대로 쉴 수 있는 시간조차 없었다. 그의 딸조차도 "아빠는 왜 집에서 살지 않아요?"라고 물었다고 한다. 하지만 이제 그는 하나님의 은혜로 영원한 안식을 누리게 되었다.

사람들은 그를 종종 '오목사(吳牧師)'라고 불렀다. 그래서 그런지 그의 묘비엔 '님'자가 없다. 목사님이 아니라 그저 사람들이 자신을 불러준 것처럼 오목사로 새겨져 있다. 그의 육신은 자신이 죽은 자의 땅을 산 자의 땅으로 바꾼 광주 선교부 양림동 언덕 맨 위에 안장되어 있다. 그의 묘 앞에는 호남신학대학교가 있다. 그는 신학생들과 광주의 교회들을 향하여 지금도 선교의 중요성을 외치고 있다.

오웬 선교사가 소천하자 그의 아내 휘팅은 홀로 광주에서 14년 동안 머물면서 한센병 환자들을 돌보았다. 그녀는 1920년에 네 딸과 함께 안식년을 보내기 위해서 미국으로 귀국하였는데 더는 한국으로 돌아오지는 않았다. 그녀는 그 후에 미국의 메사추세츠와 뉴욕 퀸즈에서 살다가 1952년 콜로라도 주 덴버(Denver)에서 교통사고로 별세하였다.

8. 오웬기념각

광주 양림동 양림 교회당 근처에 오웬의 이름이 붙어 있는 작은 건물이 하나 있다. '오웬기념각(Owen Memorial Hall)'이라고 불리는 이 건물은 오웬의 사후에 그를 사랑하는 사람들이 건립한 것이다. 사실 기념각 건립은 오웬이 죽기 전부터 계획했던 일이었다. 그가 죽기 전 마지막으로 그의 여동생과 삼촌에게 보낸 편지에서 그는 전에부터 "할아버지의 기념 병원"을 지으려고 계획하고 있었지만, 지금은 병원보다도 교인들에게 성경을 가르칠 성경학교 건물을 "할아버지 기념관"으로 짓는 것이 더 시급하다고 말하고 있다.

당시 광주에는 그동안 오웬이 뿌려 놓은 지방의 믿음의 식구들 중에서 성경을 배우기 위하여 올라오는 사람들이 많이 있었다. 하지만 교회는 비좁고 더욱이 200리, 300리 먼 곳에서 온 사람들이 유숙하고 기거할만한 방이 제대로 없는 것이 가장 안타까운 일이었다. 그래서 오웬은 여동생과 삼촌에게 돈이 넉넉히 준비되면 지하실에 기숙사를 갖추고 지상에는 교실과 강당을 갖춘 벽돌 건물을 짓고 싶고, 돈이 넉넉하지 못하면 목조 건물에 흙벽을 쌓아서라도 성경학교 건물을 지을 생각이라는 것을 말하고 있다. 오웬은 여동생과 삼촌에게 성경학교를 지을 헌금을 부탁한 것이었다.

하지만 오웬은 이 편지의 답장을 받지 못했다. 하나님이 그를 데려가셨기 때문이다. 그러나 그 후에 미국의 가족들과 친지들은 힘써 헌금을 하여 그의 소망을 따라 그가 선교하던 광주에 그를 기념하는 성경학교를 세웠다. 그 건물이 '오웬기념각'이다. '오웬기념각'은 한동안 광주의 명물이 되었다. 당시 광주의 모든 중요 행사들이 이 건물에서 행해졌으며, 지방에서 올라오면 필수 관람 코스가 되었다. 지금도 오늘의 전남 동부지역 교회들을 있게 한 순교자 오웬을 기억하게 해 주는 역사적 건물로 묵묵히 그 자리를 지키고 있는 '오웬기념각'에는 오웬의 생명을 거두신 하나님께 예배가 드려지고 있다.

'오웬기념각'의 서쪽 정문 표지에 영문으로 "In Memory of William L. and Clement C. Owen"이라고 표기되어 있다. Clement C. Owen은 오웬 선교사를 가리키는 이름이고, William L. Owen은 오웬 선교사의 할아버지를 가리키는 이름이다. '오웬기념각'은 클레멘트 오웬 선교사와 오웬을 선교사로 양육하여 한국과 하나님에게 제물로 드린 그의 할아버지 윌리엄 오웬을 동시에 기념하고 있다.

제11장 리드 선교사

제12장 게일 선교사

제13장 베어드 선교사

제14장 아담스 선교사

제15장 말콤 펜윅 선교사

제11장 리드 선교사

1. 들어가면서

　미국 감리교회(Methodist Church)의 한국 선교는 북감리교회가 1885년 4월 아펜젤러 선교사와 의료선교사 스크랜톤 가족들을 조선에 파송함으로 시작되었다. 이에 남감리교회도 1895년 10월 헨드릭스 감독(Bishop Eugene Russell, Hendrix, 1847-1927)과 리드(C. F. Reld, 1849-1915, 한국명: 이덕) 선교사를 조선에 파송하였다. 중국 교구의 남감리교 조선지회는 1897년 5월 '조선선교부'를 조직하고 리드 선교사를 초대 감리사(監理師, superintendent)[1]로 선출하고, 인천 송도를 선교 거점으로 삼아 경기지역 복음화에 힘써나갔다. 이러한 남감리교회는 1930년 12월 2일 북감리교회와 함께 '기독교조선감리회'로 통합을 시

---

[1] 감리교회에서 감독을 도와 감독이 위임한 지방회(地方會)를 관리하고 많은 교역자들을 지도하는 목회자로 주로 지방을 순회 전도하고 지방의 사무와 교회의 영적·물질적 상태를 시찰하는 업무를 담당한다.

도하였다.[2] 하지만 1943년 일제에 의해 '조선기독교단'으로 강제 통폐합 되었다. 해방 후에는 다시 분리되어 오늘에 이르고 있다.

남감리회의 첫 선교사로 1895년 10월에 내한한 리드 선교사를 살펴 보기 전에 먼저 미국 남감리교회 탄생의 역사적 배경과 리드 선교사가 내한하게 된 경위를 살펴보도록 하자.

2. 미 감리회의 분열과 미 남감리회의 탄생

1844년 6월 제14회 미국 감리회 총회에서 노예를 소유한 감독이 해임되고, 노예를 소유하는 문제로 총대들 간에 분쟁이 있었다. 그래서 노예를 소유하고 있는 미국 남부지역 연회 대표들이 1846년 5월 피터스버그(Petersburg)에서 별도로 총회를 조직하였다. 이것이 미국 남감리교회의 시작이었다.

초기 한국 선교에 미 북감리회는 1885년 4월에 아펜젤러를 파송하였고, 그 후로 10년 뒤인 1895년 10월에 미 남감리회가 리드를 파송하였다.

3. 윤치호와 남감리회 한국 선교

미 남감리회의 한국 선교에는 한국인 한 명의 헌신이 뒷받침되었다. 그는 후에 한성부 판윤(현 서울시장)을 지낸 개화파 윤치호(尹致昊, 1866-1945)였다. 윤치호는 1884년 12월 갑신정변 때 초대 주한 미국 공

---

2) Charles D. Stokes, 《미국감리교회의 한국선교역사 1885-1930》 (서울: 한국기독교역사연구소, 2010), 324-325.

사 푸트(Lucius Harwood Foote, 1826-1913, 한국명: 복덕) 통역을 맡았다. 푸트 공사가 1885년 1월에 귀국할 때 윤치호도 함께 조선을 떠나 푸트 공사의 소개장으로 중국 상해로 건너가서 미국 남감리회에서 경영하는 상해 중서대학(Anglo-Chinese College)에 입학하였다. 그는 재학 중에 예수를 믿고 지도교수인 본넬 목사(Rev. W. B. Bonnel)로부터 세례를 받았다. 그리하여 윤치호는 조선 최초의 남감리교인이 되었다.

 1888년 10월 윤치호는 중서대학에서 공부를 마치고 미국으로 가서 벤더빌트대학교(Vanderbilt University) 신학부와 에모리대학(Emory College)에서 공부하였다. 그리고 그는 틈틈이 순회강연을 하고 받은 돈과 학비를 절약하여 모은 돈 200달러를 캔들러(Warren A. Candler, 1857-1941) 총장에게 전달하며 한국 선교를 부탁하였다.[3] 윤치호는 청일전쟁으로 일본이 승리하고 친일정부가 들어서자 조선을 떠난 지 10년 만인 1895년 2월에 모국으로 돌아왔다. 윤치호는 귀국하자마자 캔들러 총장과 상해의 중서대학장에게 하루빨리 조선 선교에 착수해 달라는 요청을 하였다.[4]

4. 리 드선교사의 내한과 미 남감리교 선교의 시작

 윤치호의 한국 선교에 대한 간절한 요청으로 드디어 중국 선교부의 핸드릭스 감독이 그해 10월에 리드 선교사와 함께 배편으로 인천을 경유하여 서울에 도착하였다.

---

3) 윤치호는 캔들러에게 "당신에게 2백 달러를 맡깁니다. 한국선교기금의 종잣돈이 되기를 바랍니다"라고 편지를 보냈다. 종교교회 110주년 기념 역사자료집, "지나온 110년" (서울: 종교교회, 2010), 13.
4) 《미국감리교회의 한국선교 역사 1885-1930》, 126-127.

1) 리드의 중국선교

리드 선교사는 1849년 7월 19일에 미국 뉴욕주(State of New York)의 신앙이 두터운 의사 가정에서 출생하였다. 7세에 부친을 잃은 후 모친과 함께 삼촌 댁에서 성장하여 공립학교와 사범학교를 졸업하였다. 그리고 그는 윤치호와 같은 벤더빌트대학 신학부를 수학한 것으로 알려졌다. 후에 평신도 선교운동(The Laymen's Missionary Movement)의 총무로 활동하였고 1874년 남감리회로부터 전도사 임명장을 받았으며, 1878년 남감리교 켄터키 연회원으로 목사 안수를 받고 그해 중국 선교사로 임명 받아 중국 상해(上海)에 도착하여 선교사의 길을 가게 된다. 이어 서주(徐州)[5] 지방의 선교사업을 관할하는 감리사(監理師, superintendent)가 되었고, 1886년에는 중국선교 연회(年會, Annual Conference)[6]를 조직하였다. 이후 그는 중국에서 17년간 선교를 하며 선교 경험을 쌓은 후에 새로운 선교지를 찾다가 한국을 방문하는 헨드릭스 감독(Bishop Hendrix E. R.)과 함께 동행하게 되어 남감리회 최초의 한국 주재 선교사가 되었다.[7]

2) 고양읍교회 창립

리드 선교사는 미 북감리회 의료 선교사인 스크랜턴(William Benton Scranton, 1856-1922, 한국명: 시란돈)을 만나서 그의 주선으로 현

---

5) 서주(徐州, 쉬저우)는 중국 장쑤성(江蘇省) 북서부에 있는 도시로, 산둥성(山東省) 과의 경계 부근에 위치하고 있다.
6) 감리교회의 최고 의회조직으로 장로교회의 총회(總會)에 해당한다.
7) http://www.sangdong.org/bbs/board.php?bo_table=history&wr_id=84, [ebook] "상동교회 역사 자료실" (서울: 상동교회, 2006).

재 한국은행이 있는 곳에 선교기지를 구입하였다. 그리고 그해 잠시 서울을 떠났다가 다음 해 5월에 다시 내한하여 주택을 수리하고 상해로 가서 가족들과 함께 8월 14일에 다시 내한하였다. 1897년 5월 중국 선교연회에서는 중국 선교의 연장으로 한국 선교처를 인정하게 되었고 리드를 그 관리자로 임명하여 '중국연회 한국지방 감리사'가 되었다.

이렇게 해서 리드는 한국 선교에 뿌리를 내릴 수 있었다. 그때 서울 상동교회(尙洞敎會) 담임목사를 맡고 있던 스트랜튼 선교사가 그 교회 청년 김주현(金周鉉)과 김흥순(金興順, 1860-1939)[8]을 리드 목사에게 보내어 협조하게 하였다. 리드는 그들을 매서인(賣書人)[9]으로 활용하여 서울 근교, 오늘날의 경기지방에 복음을 전하였는데 특별히 경기도 고양읍내에서 믿음의 결실을 보게 되어 1897년 5월 2일 리드의 집례로 고양읍에서 장년 24인 유년 3인에게 세례를 베풀고 교회를 조직하게 된다.[10] 예배당은 윤치호가 자비로 집 한 채를 사서 봉헌하였다.[11]

이렇게 세워진 교회가 미국 남감리회에서 조선에 최초로 세운 '고양읍교회'였다. 고양읍교회에는 '한국의 삭개오'라고 불렸던 맹인 선교사 백사겸(白士兼, 1860-?)이 출석한 교회였다. 백사겸은 본래 점쟁이였으나 변화를 받아 예수를 믿고 서울 경기지역은 물론이고 황해도와 평양까지 복음을 전하며 많은 교회를 세운 인물이다.

---

8) 김흥순은 김주현의 전도로 예수를 믿게 되었는데, 1911년 10월 1일에 목사 안수를 받고 한국인 최초의 남감리회 목사가 되었다. 그는 후에 지경터 지방(철원지방) 김화와 금성구역에 파송되어 교회를 개척하며 전도사업을 펼쳤으며, 은퇴 후에는 철원 자택에서 별세하였다.
9) 한국 선교 초창기 때 전도지나 성경(쪽복음)을 배부하거나 팔면서 예수의 복음을 전했던 사람들로 권서인(勸書人, bookseller)이라고 불리기도 했다.
10) 김주현과 김흥순은 고양에서의 전도에 그치지 않고 용미리, 마천, 적성, 연천 등, 경기도 일대를 다니며 많은 교회를 개척하였다.
11) "지나온 110년", 105.

3) 광희문교회 설립

    고양읍교회를 세운 그 다음 달 6월 21일에 서울 리드 선교사 사택에서 예배가 시작되었다. 설교는 리드 선교사가 아니라 윤치호 선생이 맡았다. 이때만 해도 아직 리드 선교사가 한국어로 제대로 설교할 수 없었기에 할 수 없이 윤치호가 거의 일 년 반 동안이나 설교를 맡았다고 전한다.[12] 이렇게 해서 설립된 교회는 뒤에 광희문교회(光熙門敎會)가 되었다.[13] 리드 선교사의 사택에서 시작된 교회는 1904년 10월 띠꿀(지금의 오장동, 五壯洞)로 교회를 이전하고 수구문(水口門)교회라고 불렸다.[14] 1916년 대지 400평을 구입하여 광희문 근처에 2층의 붉은 벽돌 교회당을 짓고는 이름을 '광희문교회'로 고쳐서 불렀다.

    1897년 5월 중국 선교연회로부터 공식적으로 한국 선교부로 인정을 받은 미 남감리회 한국 선교부는 그해 9월에 리드 선교사의 사택에서 제1회 한국지방회가 모였다. 그 모임에서 미 남감리회는 한국의 선교지를 서울구역과 개성구역으로 분할하여 선교하기로 하였다. 리드는 그 회에서 한국지방회 회장을 맡았고 윤치호가 서기를 맡았다.

---

12) "지나온 110년", 105.
13) 미국 남감리교에서 서울에 최초로 세운 교회였다. 본래 교회가 있던 광희문은 조선시대 서울의 사소문(四小門)의 하나로 광명(光明)의 문이라는 뜻을 가지고 있다.
14) 예로부터 도성 안에는 무덤을 만들 수 없었기에 사람이 죽으면 광희문이나 서소문을 통해 밖으로 내보내졌다. 그래서 광희문을 수구문(水口門) 혹은 시구문(屍口門)이라고 불렀다. 또한, 이런 사정으로 광희문 밖에는 자연스레 무당들이 모여들었고 신당(神堂)들이 생겨났다. 그곳이 지금의 신당동(新堂洞)으로, 조선시대에는 신당(神堂)이라 불렸고, 갑오개혁 때 신당(新堂)으로 그 이름이 변경되었다. 광희동과 오장동의 경계에 어청교(於淸橋)가 있었다. 그래서 수구문교회를 사람들은 어청교회라고 부르기도 했다.

5. 강원도 선교와 귀국

당시만 해도 강원도는 오지(奧地)였다. 산악이 험준하여 선교사들이 함부로 선교에 나서지 못하는 곳이었다. 그 어려운 선교지 강원도를 미 감리교회들이 맡았다.[15] 남감리회는 당시 도청 소재지인 춘천을 선교하기로 하였는데,[16] 강원도 선교의 거점으로 삼으려는 계획이었다.

1) 춘천중앙교회

1898년 미국 남감리회 한국지방회장이었던 리드 선교사는 춘천지역에 서울 남송현교회 소속의 매서인 나봉식과 정동렬을 보내어 복음을 전하게 하였다. 이것이 춘천지역 복음의 시작이었다.[17] 당시에 춘천지역은 뱃길이 아니면 가기가 어려울 정도로 교통이 불편하고 외진 곳이었다.[18] 그래서 선교사들이 직접 가지 못하고 한국인 매서인(賣書人)들을 먼저 보내 복음을 전하게 한 것이다.[19] 리드의 선교 보고에 의하면 미약하지만 두 매서인의 전도로 춘천에 복음의 열매가 차츰 맺어지기 시작하였다. 하지만 리드는 그 후로 춘천을 방문하지 못하였다. 리드 부인의 건강이 악화되었기 때문이다. 리드는 할 수 없이 다음 해인 1899년에 부인의 치료를 위하여 고향 미국으로 돌아갈 수밖에 없었다.

---

15) 1907년에 미국 북장로교 선교부와 미국 남감리회 선교부 간에 선교 구역 조정이 있어 춘천과 철원 이북의 강원도지역이 미남감리회 지역으로 조정이 되고 남감리회가 맡아 오던 원주 이남 지역을 북장로교 선교부가 맡게 되었다.
16) 고종 33년(1896년)에 13도 1목 7부 331군 체제가 성립되면서 춘천에 강원도의 감영(監營)이 설치되었다. 감영은 조선 시대 때 각 도의 관찰사가 거처하는 관청이었다.
17) 춘천중앙교회는 두 매서인이 복음을 전한 해를 교회의 창립일로 삼고 있다.
18) 1909년 당시 춘천읍의 가구는 약 5백 호 정도밖에 되지 않을 정도로 당시 춘천은 그다지 크지 않은 지방이었다.
19) 춘천중앙교회 역사출판위원회, 《춘천중앙교회사》 (서울: 한들출판사, 2007), 82.

그리고 리드 선교사의 후임으로 하디(Robert A. Hardie, 1865-1949, 한국명: 하리영) 선교사가 강원도 선교를 맡았으나 그 다음 해에 원산과 춘천을 나누게 되어 하디는 원산으로 가고 춘천은 무스(James Robert Moose, 1864-1928, 한국명: 무아각) 선교사가 맡게 되었다. 무스 선교사는 경기도 파주의 고랑포 교회 속장으로 있었던 이덕수에게 춘천에 와서 선교해 줄 것을 부탁했다. 이덕수는 새우젓 장사로 제법 돈을 모은 사람이었지만 무스 선교사의 부탁에 선뜻 응하여 지게에 성경책과 전도책자를 지고 3백 리 길을 걸어 춘천으로 갔다. 그때가 1905년경이었다. 춘천 봉의산 동쪽의 아동리(衙洞里) 언덕에 초가를 매입하고 예배를 시작하였는데 그것이 춘천중앙교회의 시작이었다.

2) 김화읍교회(새술막교회)

강원도 최초의 교회를 미 남감리회가 철원에 세웠다. 철원은 1903년 하디 선교사로부터 시작된 원산 대부흥운동의 발원지인 원산으로 넘어가는 중요한 길목이었다. 원산은 일제에 의해 1880년에 자유무역항으로 개항 한 상태였다. 따라서 하루가 다르게 개발이 되던 도시였다. 원산은 선교사들에게는 매력적인 도시였다. 따라서 서울에서 원산으로 선교사들이 넘어가는데 그 길목에 철원이 있었다. 그러니 철원은 자연스럽게 복음의 혜택을 입게 된 것이다. 미 남감리교 선교부의 리드 선교사는 일찍이 고양읍교회의 창립 교인이었던 윤승근[20]을 철원에 파송

---

20) 윤승근은 난봉꾼이었다가 하디의 원산 부흥성회에 참석하고 변화되었다. 감리교 본부에서는 김흥순이 윤성근을 전도하여 고양읍교회 창립 교인이 되도록 하였다는 기록도 있다.
https://kmc.or.kr/dic-search/dictionary?mod=document&uid=43209 [ebook] "한국감리교인물사전"(서울: 기독교대한감리회, 2006).

하였다. 1898년에 리드 선교사가 윤승근이 전도하고 있던 철원지역을 탐방하면서 어른 3명과 아이 1명에게 세례를 베풀었다. 이것이 강원도 최초의 교회, 김화읍 새술막교회의 시작이었다. 새술막교회는 김화읍 교회로 바뀌었고, 1937년에 피터즈(Victor Willington Peters, 1902-?, 한국명: 피도수) 선교사가 부임하여 크게 부흥하였다.

6. 리드의 죽음

리드 선교사에게 강원도 선교는 그의 마지막 사역이 되었다. 리드는 부인의 병환으로 1899년 4월 20일 미국으로 귀국하였다. 많은 교우들이 부인을 위해서 기도했지만, 병세는 더욱 악화되어 1901년 5월 17일에 별세하였다. 리드 선교사는 부인을 사별한 후에 그해 9월 14일부터 18일까지 한국에 입국하여 한국지방회의 회장으로서의 모든 업무를 마무리하고 다시 귀국하였다. 귀국한 후에 리드는 주로 감리교 총회의 일들을 보며 지내다가 1915년 10월 7일 켄터키주에서 66세로 별세하였다.

몇 년이 흐른 후, 1907년 리드의 아들인 윌리암 리드(W. T. Reid, 한국명: 이위만)가 감리교 의료선교사로 아버지의 뒤를 이어 입국하여 개성에서 의료선교사업을 시작하였다. 아버지 리드 선교사가 미국에서 벌인 모금운동으로 버지니아주의 감리교인 아이비(W.C. Ivey)에게서 5천 달러를 기증을 받아 개성에 아이비 기념병원(Ivey Memorial Hospital)을 설립하였는데 남성병원으로도 불렸다. 지금도 이 건물은 개성시 인민병원으로 쓰이고 있다. 윌리암 리드는 1928년 선교사직을 사임하고 귀국하였다.

리드 선교사는 초대 미국 남감리교 한국 선교부의 책임자였다. 부인의 병환으로 불과 몇 년밖에 일하지 못했지만 그는 경기도와 서울에 남감리회 최초의 교회들을 설립했으며, 출국하는 날까지 강원도 선교를 위하여 힘을 쏟았다. 그리고 미국에서도 한국의 의료선교를 위하여 모금을 하였다. 집에는 반드시 주춧돌이 있다. 리드는 한국교회의 주춧돌이 되었다. 또한 그가 못다 이룬 선교를 아들이 대신하여 이루었다. 그의 이름이 아직도 그가 세운 교회 앞 기념비에 새겨져 그를 기억하고 있다.

제12장 게일 선교사

1. 들어가면서

1893년 12월 12일에 캐나다의 선교사 매켄지(William J. McKenzie, 1861-1895, 한국명: 김세)가 자비량 선교사로 입국하였다. 매켄지는 제물포항을 통해 입항한 후에 6개월 남짓 송천리(소래교회)에서 선교 사역을 하면서 직접 예배당을 짓기도 하였다. 하지만 갑작스러운 건강 악화로 인하여 투병 중에 소천하고 말았다. 이러한 소식을 접한 캐나다 장로교회는 매켄지 선교사의 헌신과 죽음이 헛되지 않도록 하기 위해서 3명의 선교사를 공식적으로 파견하기에 이른다.

캐나다 장로교단에서 조선에 공식적으로 파견한 선교사는 1898년에 입국한 로버트 그리어슨(Robert G. Grierson, 1868-1965, 한국명: 구례선) 부부, 푸트(W. R. Foote, 1869-1930, 한국명: 부두일), 맥래(D. M. Macrae, 1868-1949, 한국명: 마구례) 선교사 등이었다.

하지만 그 전에 이미 조선에 입국하여 복음을 전하고 있던 캐나다 출신의 선교사가 있었다. 그는 1889년 12월 토론토대학에서 문학사 학위(B.A.)를 받고 토론토대학 YMCA의 지원으로 입국한 게일(James Scarth Gale, 1863-1937, 한국명: 기일) 선교사였다. 게일은 입국 후에 황해도 해주와 송천을 경유하여 부산에 잠시 머물렀다. 하지만 그는 자신을 파송한 토론토대학 YMCA로부터 선교비가 중단되면서 다른 선교 후원지를 찾아야 하는 처지에 놓이게 되었다. 이때 그를 불러준 사람이 서울의 미국 북장로교 선교사 마펫(Samuel Austin Moffet, 1864-1939, 한국명: 마포삼열)이었다. 그는 마펫의 도움으로 1891년에 미국 북장로교 선교사로 이적하고 서울로 올라와 연동교회를 중심으로 선교 활동을 펼쳐 나갔다.

2. 게일의 출생과 성장

게일 선교사는 1863년 2월 19일 캐나다 온타리오 엘마에서 6남매의 다섯째로 출생하였다. 그의 아버지는 스코틀랜드에서 캐나다로 이민을 와서 농장을 경영하고 있었던 장로교회 장로였다. 그는 엘마에서 장로교회를 설립하고 그 교회의 장로로 시무하였다.[1] 그렇게 게일은 스코틀랜드 장로교회 믿음의 분위기 가운데 자라났다. 게일은 1884년 토론토대학에 입학하여 공부하였다. 게일은 D. L. 무디(Dwight Lyman Moody, 1837-1899)와 선교사 허드슨 테일러(James Hudson Taylor, 1832-1905)에게 영향을 많이 받았다. 그는 1886년에 북미학생수련회에 참석을 하여 무디이 설교를 듣고는 해외 선교사로 자원할 것을 결심하였다.

---

1) 대한예수교장로회 부산노회, 《부산 복음의 증인들》 (부산: 부산노회, 2010), 72.

3. 한국 도착

1888년 토론토대학 YMCA(기독학생청년회) 회의록에는 YMCA 선교회의 첫 선교사로 게일을 조선의 선교사로 임명하여 파송한 기록이 있다.[2] 비록 게일은 신학을 전공한 것이 아니었지만 선교지에서 다른 복음주의 교단과 협력하며 선교를 한다는 전제하에 파송이 결정되었다. 이렇게 파송받은 게일은 1888년 10월 18일 캐나다 토론토를 출발하여 12월 15일 부산에 도착했다가 다시 제물포에 상륙하여 육로로 서울에 도착하였다.[3] 그는 서울에 도착하여 12월 23일 주일 오후 2시 언더우드 집에서 모인 주일예배에 참석했다. 이때 그의 나이 25세였다.

이듬해 3월에 그는 황해도 해주를 거쳐 소래교회에 가서 몇 달을 지내면서 한국말을 공부했다. 거기서 그는 평생의 친구요 반려자요 조사(助事)가 된 이창직(李昌稙, 1866-1936)[4]을 만나, 6월에 그와 함께 서울로 돌아왔다. 이창직은 양반 가문에서 태어나 한문에 능통한 한 학자로 게일의 한국말 선생이 되어 그의 성서 번역과 문서 선교 사업에 큰 조력자가 되었다. 1891년 2월에는 미국북장로교회 선교사 마펫과 함께 만주를 다녀왔다. 그 후에 그는 8년 동안 전국 팔도를 무려 12번이나 순회하면서 한국을 익히고자 노력하였다. 게일은 순회 여행을 통하여 한국어를 익히고 한국문화를 배워 나갔다.

---

2) Ibid., 73.
3) 게일의 부산 도착은 16일이라는 설도 있다. Ibid., 73.
4) 이창직이 내한(來韓)한 게일이 언더우드 선교사의 집에서 어학을 공부하다가, 1889년 3월 17일 해주를 거쳐 장연군 소래에서 만난 교인으로, 게일보다 3년 연하의 사람이다. 그는 해주 양반 가문에서 태어난 한 학자로서 이후로 게일의 어학 선생이 되어 게일의 선교 사업과 번역 일을 도왔으며 가족과 같이 일생의 동반자가 되었다. 그는 게일을 도와 '천로역정'을 번역하였으며, 캐나다 온타리오 공립학교 교과서를 번역한 '유몽천자(牖蒙千字)', '예수의 재림'과 같은 작품에 함께 하였다.

1891년에 그의 파송 단체인 캐나다 토론토대학 YMCA가 재정난으로 게일의 선교비를 계속 지원할 수 없게 되었다. 그러자 그와 친분을 가졌던 의사 헤론과 미 북장로교 선교사 마펫의 주선으로 미국 북장로회 선교부로 적을 옮기게 되었다.

게일은 1892년 4월 7일 헤론의 미망인인 깁슨(Harriet Elizabeth Gibson, 1860-1908, 한국명: 헤론 부인, 게일 부인)과 결혼했다. 헤론은 미국 북장로교 파송 선교사로서 제중원 2대 원장이었다. 당시 조선은 천연두와 장티푸스와 같은 전염병이 창궐하고 그로 인해 한 마을이 사라지기도 하였다. 헤론은 그런 열악한 환경 속에서 최선을 다해 의료봉사를 하다가 1890년에 이질에 걸려 생을 마감하였다. 이때 그의 나이 34세였다. 헤론에게는 두 딸이 있었다.[5] 게일은 헤론의 미망인과 그의 두 딸을 책임지기로 한 것이다.[6] 그로부터 5년 후 1897년 5월 13일에 게일은 미국 인디애나주 뉴 알바니노회에서 목사 안수를 받고 미국 북장로교회의 정식 목사가 되었다.

4. 게일과 고찬익

게일은 1900년부터 연못골 교회(현재 연동교회)에서 담임목사로 시무하였다.[7] 이때 그를 도와서 힘써 교회를 섬긴 사람이 조사 고찬익(高燦益, 1857-1908)이었다. 고찬익은 평남 안주에서 태어난 천민 갖바치

---

5) 게일은 존 헤론의 미망인이던 깁슨과의 사이에 자녀가 없었다. 깁슨은 전 남편 존 헤론과의 사이에 두 딸, 사라(Sarah Anne Heron Gale)와 제시(Jessie Elizabeth Heron Carroll)가 있었다.
6) 깁슨은 게일과 16년을 살았으나 죽으면서 첫 남편인 헤론과 함께하겠다고 해서 양화진외국인선교사묘원의 헤론 묘에 합장되었다.
7) 연동교회90년사 편찬위원회,《연동교회 90년사》(서울: 연동교회, 1984), 66.

출신이었다. 그는 젊은 날 자신의 천한 신분을 비관하여 노름판에서 살다시피 하며 허랑방탕한 삶을 살았다. 그러던 중에 원산에서 게일의 전도를 받고 회개하여 예수를 믿게 되었다. 그는 게일을 따라 서울에 와서 게일의 조사로 일을 하게 되었다.

연못골(연동)교회는 1904년 조사 고찬익을 장로로 장립하여 처음으로 당회를 조직하였다. 이로써 연못골(연동)교회는 설립 10년 만에 조직교회가 되었다. 이것은 단순한 일이 아니라 가히 신분적인 혁명이요 복음의 힘을 보여 주는 놀라운 사건이었다. 그해 그는 조선예수교장로회 공의회 경성공의회의 추천을 받아 서경조(徐景祚, 1852-1938)[8]와 함께 예수교장로회신학교에 입학하였다. 1907년 9월 평양 장대재예배당에서 독노회가 조직되고 한국 장로교 최초의 목사 7인을 안수하는 자리에서 고찬익이 예배를 인도했다. 그는 열심있는 전도자였다. 그의 열정적이며 사랑에 넘치는 헌신과 충성의 결과 연못골(연동)교회는 그가 장로가 되기 전보다 교인수가 급격히 증가하였다.[9] 그러나 고찬익은 안타깝게도 1908년 예수교장로회신학교 재학 중에 질병으로 하나님의 부름을 받고 말았다. 그의 나이 52세였다.

5. 교회의 분열

1908년은 게일에게 너무도 슬픈 한 해였다. 그의 오른팔과 같이 섬

---

8) 평안북도 의주 출신으로 한국장로교회 최초 7인 목사 중의 한 사람이다. 1884년 형 서상륜(徐相崙)과 함께 황해도 장연의 솔내(松川)로 이주하여 한국 최초의 교회를 세웠다. 1911년 새문안교회를 목회를 마지막으로 은퇴하였다.
9) 1904년 한 해만 세례를 받은 자가 무려 35명이었고, 학습을 받은 이가 36명이었다. 연동교회90년사 편찬위원회, 《연동교회 90년사》 76.

기고 충성했던 장로 고찬익을 잃었고, 또한 그의 사랑하는 아내를 잃었기 때문이다. 1908년 3월 29일 게일의 아내 해리어트(Harriet)가 게일과 재혼한 지 16년 만에 48세를 일기로 생애를 마쳤다. 게일 목사는 믿음의 아들이요 연못골(연동)교회의 장로였던 고찬익과 사랑하는 아내를 잃고, 마음의 상처가 채 아물기도 전에 교회 분열이라는 아픔을 겪게 된다. 1907년 게일 목사는 천민 출신 고찬익, 이명혁 장로에 이어 광대 출신 임공진의 장로 장립을 서두르다가 양반 교인들의 반발을 불러일으켰다.

당시 연동교회에는 지체 높은 양반 출신 성도들과 상인 출신 성도들, 그리고 광대, 백정, 무당, 갖바치, 고리장, 기생, 포졸 같은 칠천역(七賤役), 즉 사람 대우를 제대로 받지 못하는 천민들까지 섞여 있었다. 그런데 이명혁은 과거 노름꾼 출신이었으며, 임공진은 갖바치 광대 출신이었다. 온 교인들이 따라야 하는 교회의 최고 지도자를 뽑는데 양반이 아닌 평민과 천민을 세운다는 것을 양반 출신 성도들이 받아들이지 못하였다. 그래서 마침내 1910년 7월에 양반 출신 성도들을 중심으로 백여 명의 교인들이 연동교회에서 분리하여 묘동(廟洞)[10] 쪽으로 가서 예배를 드리기 시작을 했다. 이것이 지금의 묘동교회(妙洞敎會)의 시작이다.[11]

평민과 천민이 양반과 함께 한다는 것은 당시의 관습과 전통으로는 도저히 이해되기 어려운 일임에는 틀림이 없었다. 하지만 복음에는 차별이 없다. 하나님은 누구도 차별하지 않으신다. 그렇기 때문에 하나님의 몸인 교회가 신분의 차별을 따져 성도들을 차별해서는 안 될 일인 것이다. 게일은 복음의 근본 진리의 문제에 있어서는 비록 교회가 분열되는 일이 생긴다고 해도 결코 타협하지 않았다.

---

10) 조선조 500년 동안 왕실을 계승한 역대 임금의 위패가 모셔져 있는 '종묘'가 있기에 붙여진 이름이다.
11) 묘(사당묘, 廟)자를 묘(젊을 묘, 妙)자로 바꾸어 사용하였다.

6. 게일과 성경 번역

앞서 스코틀랜드 연합장로교회의 존 로스(John Ross, 1842-1915, 한국명: 라요한) 선교사가 번역한 로스 번역 성경이 있었지만, 지방 사투리가 많이 섞여 제대로 읽기가 어려웠다. 그래서 새롭게 번역할 필요성이 있었다. 이에 1887년 성서번역위원회(Committee for Translating the Bible into the Korean language)가 조직되었다. 상임위원장에는 언더우드 선교사가 선출되었고, 위원으로는 아펜젤러와 스크랜턴이 맡았다. 1893년에는 조직을 개편하여 성서번역상임위원회(The permanent executive Bible Committee)로 이름을 바꾸고 게일이 위원에 추가되었다.

이렇게 하여 1906년에 신약전서가 공인역본으로 출간되었고, 1910년에 구약성경이 출간되었다. 게일은 그 후 성도들이 성경을 보다 더 쉽게 읽도록 하기 위해서 문어체가 아니라 구어체로 번역하여 1925년에 출판했는데 이것이 「게일번역성경」이다. 이때 출판비는 위원회 간에 합의가 되지 않아 성서공회에서 출판하지 못하고 윤치호 씨가 대신 담당하였다.[12] 수년 전, 영국에 있는 그의 딸이 번역 당시 철필 원고를 서울 연동교회에 기증해 현재 연동교회 사료실에 전시·보관되어 있다.

게일은 특히 성경에 나오는 하나님의 용어를 정한 것으로 알려졌다. 성경 번역 작업을 하면서 언더우드는 하나님을 천주(天主)나 상제(上帝)로 하자고 주장하였고, 게일은 '하나님'으로 하자고 주장하였다. 게일은 당시의 논쟁을 "마치 전장(battlefield)과 같았다"[13]라고 회고하기도 하였다. 하나님에 대한 용어 논쟁은 1903년 무렵 언더우드가 '하나님'을 수용하므로 결정이 되었다. 이렇게 게일의 노력으로 '하나님'이라

---

12) 곽안전,《한국교회사》(서울: 대한기독교서회, 1961), 147.
13) 유영식,《착한목자 게일의 삶과 선교》제1권 (서울: 도서출판 진흥, 2013), 231.

는 단어가 한국 개신교에 정착하게 되었고, 신교와 구교가 함께 '하나님' 또는 '하느님'이라는 단어로 통일되는데 지대한 공헌을 하게 되었다. 유영식은 '하나님'이라는 용어의 의미에 관하여 다음과 같이 말하고 있다.

> 그리스어의 Theos 혹은 일본의 Kami 혹은 상제(上帝)와 같은 다신(多神)적 개념을 가지고 있던 용어가 유일신(唯一神)적 관념으로 변용되기까지는 많은 시간과 노력이 필요하였지만, '하나님'이라는 칭호는 아무런 변동 없이 즉시 기독교의 유일신 개념으로 사용되었다는 것이다. 따라서 한국 기독교가 크게 발전한 것은 바로 그 '하나님'이라는 특별한 용어 때문이다.[14]

7. 게일과 문서선교

게일은 우리나라 최초 사전인 한영대자전(Korean English Dictionary)을 편찬하였다. 그리고 연동여학교(정신여학교)를 설립하여 민족의 지도자들을 길러내는 일에 노력하였다. 또한 1903년에 한국 YMCA를 만들고 초대 회장이 되어 청년 선교를 위해서 힘을 기울였다. 그리고 감옥을 방문하여 이승만(李承晚, 1903-1975),[15] 이상재(李商在, 1850-1927),[16] 안국선(安國善, 1878-1926)[17] 선생들을 만나 전도를 하고 출옥 후에 연동교회의 교인이 되게 하였다. 그래서 연동교회를 독

---

14) Ibid., 182.
15) 대한민국 초대 대통령.
16) 일제강점기 YMCA 전국연합회회장, 신간회 창립회장 등을 역임한 독립운동가.
17) 개화기의 대표적 지식인, 관료, 소설가.

립운동의 산실로 만들어 나갔다. 1909년에는 '과도기 한국'(Korea in Transition)이란 책을 집필했으며, 또 <야소교회회보>란 신문을 만들어 직접 주필을 하기도 하였다.

1917년에는 음악연구회를 조직하고 찬송가 개편에도 참여했다. 대표적인 곡으로 '내 주를 가까이'(Nearer my God to Thee)가 있는데 이 곡은 지금도 교인들에게 사랑을 받으며 불리고 있다. 영국의 존 번연의 천로역정을 한국어로 번역하고, 김만중의 '구운몽', 그리고 '춘향전'과 같은 전통 소설들을 번역하고 출판하기도 하였다. 게일은 참으로 역사와 언어에 탁월한 은사를 가진 분이었다.

8. 나가면서

게일은 1888년 한국에 도착하여 1927년 한국을 떠날 때까지 40여 년을 살면서 사역을 하였다. 그는 한국인이나 마찬가지였다. 1927년 6월 22일에 고향과 같은 한국 땅을 떠나 1928년 8월 31일 선교사로서 공식적으로 은퇴를 하였다. 그는 이후로 영국 베스(Beth)에 살다가 1937년 1월 31일에 하나님의 부르심을 받았다. 게일은 조선말을 조선 사람보다 더 유창하게 하고, 조선 사람처럼 살고, 조선 사람들로부터 많은 사랑을 받았던 선교사였다. 그는 숨을 거두기 전 병상에서 갑작스럽게 일어나서 마지막으로 이렇게 말을 했다고 한다.

"How wonderful! How wonderful!"[18]

---

18) 대한예수교장로회 부산노회, 《부산 복음의 증인들》, 84.

제13장 베어드 선교사

1. 들어가면서

박사학위 두 개를 가지고 있던 청년 베어드는 28세의 나이에 콜로라도주의 작은 마을 델 노르트(Del Norte) 교회와 델 노르트대학의 학장을 겸임하였다.[1] 하지만 하나님은 베어드를 조선을 위하여 준비하고 계셨다. 미국 북장로교 선교부는 윌리엄 베어드(William M. Baird, 1862-1931, 한국명: 배위량)가 전혀 알지 못하는 작은 나라 조선으로 윌리엄을 파송했다.

윌리엄은 가는 곳마다 교회를 세웠고, 학교를 세웠다. 그가 세운 부산의 초량교회, 대구의 대구제일교회는 지금도 생명의 빛의 사명을 잘 감당하고 있다. 또한 그가 시작한 미션스쿨 숭실대학교는 평양에서 시작했으나 1938년 신사참배 때 스스로 문을 닫았다가 해방 이후에 서울에서 다시 시작하여 지금까지 이 땅의 기독교 지도자들을 길러내는

---
1) 윌리엄 베어드는 미국 인디애나주 하노버대학에서 1903년 철학박사 학위를 취득하고, 1913년에 신학박사 학위를 취득하였다.

일을 하고 있다. 인생을 가난하게 시작했으나 누구보다 위대한 부자로 마친 윌리엄 베어드 선교사를 따라가 본다.

2. 베어드의 출생과 성장

윌리엄 베어드는 1862년 6월 16일 미국의 인디애나주(State of Indiana) 클락 카운티(Clark County)에 있는 찰스타운(Charlestown)에서 태어났다. 그는 1660년쯤 스코틀랜드에서 북아일랜드로 이주한 스코틀랜드장로교회 가문의 후손이었다. 아버지 존 마틴 베어드(John Martyn Baird, 1818-1904)는 방직업에 종사했다. 어머니 낸시 패리스 베어드(Nancy Faris Baird, 1827-1890)는 남부 캐롤라이나주(State of South Carolina)에 있는 개혁교회 전통을 지키는 가정에서 자라났다. 그녀의 집은 종교적 신념으로 노예제를 반대해서 남부 캐롤라이나주에서 북쪽 인디애나주로 이주를 했던 것이다.

베어드는 이렇게 어린 시절 어머니 낸시로부터 개혁교회의 전통적 신앙을 배우며 자라났다. 베어드는 아버지가 장로로 있는 찰스타운의 장로교회에 출석했다. 베어드의 부모는 경제적 어려움으로 인해 자녀들에게 카운티의 공립학교에서 제공하는 교육 외에는 다른 교육을 제공하지 못했다. 그래서 베어드는 그보다 11살 위인 형 존 베어드가 마련해주는 학비로 하노버대학교(Hanover College)와 맥코믹신학교(McCormick Theological Seminary)에서 계속해서 공부할 수 있었다.

3. 한국 도착

베어드는 1888년 맥코믹신학교를 졸업한 후, 그해 5월 뉴 알바니노회에서 목사 안수를 받았다. 그러나 그는 경제적 이유로 곧바로 해외 선교사로 나갈 수 없었기에 1890년 콜로라도 주 델 노르트에 있는 작은 교회에 초빙되어 목회 사역을 담당하게 되었다. 동시에 그는 멕시코와 스페인 계통의 젊은이들을 가르치는 미션스쿨인 델 노르트대학(Del Norte College)의 학장에倒 취임을 했다.

그러나 그 무렵 언더우드 선교사의 형이자 타자기 회사 사장이었던 존 언더우드(John Thomas Underwood, 1857-1937)가 한국에 갈 선교사의 봉급을 지급하겠다고 제안했다. 서울에서 언더우드와 함께 사역하고 있던 마펫 선교사는 이 소식을 듣고 미국의 북장로교 선교본부와 맥코믹신학교 동기생 베어드에게 각각 편지를 썼고, 선교본부는 1890년 여름 드디어 베어드를 한국 선교사로 지명했다.

북장로교 선교 본부로부터 선교사로 임명받은 베어드는 곧장 델 노르트대학 학장직을 사임하고, 그해 12월 18일 하노버대학 동료인 애덤스 집안의 애니 아담스(Annie Laurie Adams Baird, 1864-1916, 한국명: 안애리)와 결혼하고 한국행 배에 승선하였다. 한 달 이상 계속된 항해 끝에 베어드는 이듬해인 1891년 1월 29일 부산을 거쳐, 드디어 2월 2일에 인천 제물포항에 도착하였다.

4. 부산선교

베어드는 1891년 1월 29일에 부산항에 도착하였지만, 곧 서울로 향하여 마펫(Samuel Austin Moffet, 1864-1939, 한국명: 마포삼열) 선교사의 집에 잠시 거주하였다. 하지만 그해 2월에 있은 선교사 연례회에서 부산 선교부 설치를 위한 선교사로 임명받고 파송 받아 부산으로 내려와야만 했다. 베어드는 부산 초량 쪽에 선교부지를 준비하고, 9월에 부산에 내려와 선교관을 짓는 것으로 선교를 시작하였다.

베어드 선교사는 1893년 6월 4일 주일에 최초 예배를 드렸다. 그날 베어드의 일기에는 "사랑방에서 사역을 시작하다"라는 제목으로 다음과 같이 기록하고 있다.

> 처음으로 예배를 드리기 위하여 사랑방에 모였다. 어학 선생들과 하인들을 제외하고는 오직 한 사람의 남자가 예배에 참석했다. 어학 선생은 서 서방[2]과 고 서방,[3] 그리고 그의 형제, 안 서방, 하인들로서는 용규, 세기, 인수, 그리고 게일 선교사의 하인인 김용기가 참석했다. 방문한 이는 손 씨인데, 그는 과거에 우리 예배에 참석했던 인물이다.[4]

베어드의 첫 예배 장소는 자신의 사랑방이었다. 이렇게 시작된 교회가 영주동교회(혹은 영서현교회)였다.[5] 그리고 또 하나의 교회가 초량에서 모이고 있었다. 1894년 5월에 입국한 호주 장로교 선교부의 아담슨(Andrew Adamson, 1860~1915, 한국명: 손안로) 선교사가 9월 초에 초량지역에서 예배 모임을 갖기 시작하였다. 그런데 1909년에 미국 북

---

2) 소래교회를 세운 서상륜의 동생 서경조를 가리킨다. 서경조는 이후 목사가 되어 서울 새문안교회를 섬기게 된다.
3) 고학윤으로 베어드 선교사의 조사루 활동을 하였다. 그이 아들이 세브란스 교수를 지낸 의학박사 고명우이다.
4) 이상규 옮김, 《윌리엄 베어드의 선교일기》(서울: 숭실대학교 한국기독교박물관, 2013), 53.
5) 이상규, "북장로교의 부산선교의 개척자 윌리엄 베어드", 부경교회사연구, 제3호 (2006. 7), 67.

장로교 선교부와 호주 장로교 선교부 간의 선교지역 분할에 대한 조정이 있었다. 그래서 호주 선교부가 부산진과 동래를 비롯한 경남지역의 동부지역과 마산지역을 모두 담당하는 대신 부산의 초량지역은 북장로교 선교부가 담당하게 되었다. 아담슨 선교사는 이 일로 인해 초량지역 교회를 북장로교 선교부로 이관하고 초량을 떠나게 되었다. 그렇게 해서 베어드 선교사의 영주동교회와 아담슨이 세운 초량지역의 교회를 합하게 되었고, 오늘날의 초량교회로 발전하게 되었다.

5. 경상도 선교여행과 울산

베어드 선교사는 사도 바울과 같이 총 4차에 걸쳐서 경남 동부지역과 경북 남부지역, 그리고 대구지역을 돌아보며 선교여행을 하였다. 그중 경주를 거쳐 울산지역을 둘러볼 기회가 있었다. 그의 일기에 처음 울산을 들렀을 때의 기록이 남아 있다.

> 5월 18일 목요일, 울산
> 경주를 떠나기 직전에 많은 책을 팔았다. 어제 아침에 그곳을 떠나서 80리 떨어진 이곳 울산에 도착했다. 이곳은 부산에서 140리, 대구에서 170리 떨어진 곳이다. 도중에 좌병영(左兵營)을 지나왔는데, 어제 지나온 지역들은 다 좋은 곳들이었다. 많은 시내가 흐르고 인구도 많았다. 좌병영은 해군기지가 있는 곳인데 언덕 위에 자리 잡고 있었다.[6] 따라서 관리들도 많았다.[7]

---

6) 지금도 병영성은 언덕 위에 위치하고 있으며 병영성에서 바라보는 병영교회를 비롯한 병영성 내는 언덕 아래에 위치해 있다. 베어드는 경주에서 모화를 지나 호계를 거쳐 병영성으로 들어섰을 것이다. 그곳은 동천강이 흘러서 강과 평야가 함께 하는 지역이었다.
7) 이상규 옮김, 《윌리엄 베어드의 선교일기》, 53.

경주에서 울산방면으로 남하한 베어드는 당시 병마절도사[8]가 거주하고 있던 울산의 병영성으로 들어가 선교여행을 계속했던 것 같다. 정확한 기록은 없으나 베어드의 선교여행 이후에 울산(병영성)에도 기독교를 받아들인 사람이 생겨나게 되었다. 그리고 얼마 있지 않아 베어드가 방문했던 울산의 병영성 안에 울산 최초의 교회인 병영교회가 세워지게 되었다.

이후로 베어드 선교사는 울산에 새로운 선교기지를 설립하고자 했다. 그것은 부산이 일본인들의 거류지(居留地)였기에 울산이 동부 경남과 나아가 경북의 선교를 이루어 가는데 적합하다고 판단한 것이다. 그래서 베어드는 울산에 선교부를 개설할 자금 100달러를 준비하였다.[9] 하지만 미국 북장로교 선교부에서 허락하지 않았다. 결국 베어드는 울산 선교부 설치를 포기하고, 1895년 연말에 대구에 선교부를 설치하기 위해 대구로 떠나게 되었다.[10] 베어드가 떠난 울산은 1895년 이후 부산을 통해 들어온 호주 선교부의 관할이 되었다.

6. 대구 선교

미국 북장로교 선교부가 대구지역 선교를 결정하게 된 것은 당시 대구가 부산보다 더 큰 도시였고, 문화면에서도 비교가 되지 않을 정도로 대구가 앞서 있었으며 무엇보다 경북 내륙지역과 연결이 쉽다는 장점들

---

8) 조선 시대 각도의 육군을 지휘하는 책임을 맡은 종2품 무관직으로 조선 시대의 경국대전에 의하면 전국에 15명 정도가 있었다고 전하고 있다.
9) 장봉학, 《한국선교의 개척자들》 (부산: 육일문화사, 2011), 47-50.
10) 이후 이 자금은 대구 선교부를 세우는 데 사용되었다.

이 있었기 때문이었다.[11]

베어드 선교사는 1895년 12월에 대구로 올라와 우선 선교기지로 사용할 부동산을 매입하였다. 그가 구입한 부동산은 남문 안에 위치한 정완식 씨 소유의 대지 420평과 초가 5동, 와가(瓦家) 4동의 큰 저택이었다. 이 부동산이 현재 남성로 약전골목에 있는 구 대구제일교회 예배당의 부지가 되었다. 베어드 선교사는 이 집을 수리한 후 그해 4월에 부인(Annie L. Adams)과 아들(John)을 데리고 와서 살게 되었다. 그런데 그해 10월 서울에서 열린 선교사 연차총회에서 선교부는 미국에서 대학교 학장의 경험을 가지고 있었던 베어드 선교사를 서울 선교부의 교육 고문으로 전근 발령을 내게 되었다. 그래서 베어드 선교사는 다시 대구 선교지를 떠날 수밖에 없었다. 베어드는 대구를 그의 처남인 아담스 선교사(James E. Adams, 1867-1929, 한국명: 안의와)에게 물려주고 서울로 떠났다.

7. 서울 선교

미국 북장로교 선교부의 교육 전담 선교사로 임명을 받고 대구에서 올라온 베어드는 언더우드가 세운 예수교학당과 연못골(연동) 교회에서 잠시 사역을 하기도 했다. 이듬해인 1897년 8월 미국 북장로교 선교부 연례모임에서 베어드는 '우리의 교육정책'이라는 논문을 발표했다. 베어드는 이 논문에서 미션스쿨의 설립 목적이 "토착교회의 발전과 그 지도자 양성"에 있음을 주장했다. 이것은 그동안 제대로 방향을 잡지 못하고 있었던 선교부의 교육정책을 확고히 해 준 것이었다. 1897년 10

---

11) 영남교회사편찬위원회, 《한국영남노회사》 (서울: 양서각, 1987), 206-207.

월 베어드는 이 교육정책을 실행하기 위해 평양으로 파송되었다. 평양 지역에는 교회 수가 계속해서 증가하고 있는데, 정작 교회를 이끌어갈 지도자가 부족했기 때문이었다. 이에 미국 북장로교 선교부는 베어드로 하여금 평양에 교회 지도자를 양성할 '중등교육반'을 설립하도록 하였다.

8. 평양 선교

베어드는 선교부로부터 평양에 '중등교육반' 설립을 허락받았지만 아무런 시설도 준비도 없었다. 그는 우선 1897년 10월 초에 사랑방에서 '중등교육반'을 시작했다. 학교의 이름은 1901년에 한학자요 교사인 박자중(朴子重)이 실학(實學)을 숭상(崇尙)하는 의미로 숭실(崇實)로 지었다. 이것이 숭실대학(崇實大學)의 시작이었다.

1897년 10월 10일 평양 신양리 자택 사랑방에서 13명의 학생으로 시작한 숭실학당은 1900년에는 4년제 중학교로 발전되었고, 1904년에는 첫 졸업생을 내게 되었다. 그리고 1905년부터는 대학교육을 시작하여 미국 장로교 선교부와 감리교 선교부가 합동으로 학교 운영을 하기로 결의하였고, 1908년에 2명의 첫 졸업생을 내었다. 이러한 합동 경영은 감리교와 1914년까지 계속되었고, 나머지 선교부들과는 1938년 폐교될 때까지 계속되었다. 베어드 교장은 엄격한 학칙 준수와 철저한 기독교 교육을 실시하였다. 특히 성경공부와 주일예배는 엄격한 규율 아래 철저히 지켜졌는데, 예배에 참석할 때에는 출석부에 도장을 일일이 찍어서 한 사람도 빠짐이 없음을 확인받도록 했다고 한다. 숭실학교는 조만식, 박형룡, 현재명, 한경직과 같은 한국 사회를 이끌어 간 훌륭한 인재들을 길러내었다. 그리고 1938년 일제의 신사참배 압력에 맞서 결국 스스로 폐교하기에 이른다.

9. 나가면서

베어드는 1916년 사랑하는 아내를 잃었다. 그의 부인 애니 베어드는 하노버대학과 위쉬번대학을 졸업한 수재였다. 베어드 여사는 남편의 교육 사업, 전도 사업을 훌륭히 도와 교과서를 번역하고 선교사들을 위하여 한국어 지침서도 만들었다. 그녀는 암을 치료하기 위해 미국으로 갔지만 임종이 가까운 것을 알고는 남편이 있는 평양으로 돌아왔다. 그리고 평양에 묻혔다. 죽는 순간까지 선교지를 찾아온 그녀의 모습은 많은 사람들에게 감동을 주었다. 평양 사람들은 숭실대학 교정에 그녀의 기념비를 세웠다.

아내를 잃은 후 베어드는 숭실대학 학장직을 사임하고 그해 개최된 선교부 연례회에서 다른 모든 직책을 내려놓았다. 그리고 번역과 성경 공부교재개발과 같은 문서선교에 주력하였다. 그리고 1918년 잠시 방문한 미국의 멕코믹대학교에서 페틀로프(Rose May Fetterolf, 1881-1946) 양을 만나서 재혼하였다. 그녀는 베어드의 남은 생애에 훌륭한 조력자가 되어 주었다.

베어드는 주로 성서 번역에 열중했다. 그는 성서 번역을 위해서 1926년 네 번째 안식년 때 시카고 대학과 프린스턴대학 신학과에서 다시 히브리어 공부를 하기도 했다. 한국에 나와서는 베어드의 조수였던 김인준 목사, 예수교장로회신학교 교수였던 남궁혁 박사 등과 함께 구약성서 번역에 힘썼다. 이렇게 베어드를 중심으로 1926년부터 1931년까지 구약의 3분의 2를 개역했다.[12] 하지만 베어드 박사는 그 일을 마치지 못하고 그만 장티푸스에 걸렸다. 그는 치료에도 불구하고 1931년 11월 28일 하나님과 아내에게로 갔다. 그의 나이 69세였다. 29세에 한국 땅을 밟은 그는 40년 동안 복음을 위하여 일하고 두 부인과 함께 평양 숭실학교 구내에 묻힌 것이다. 학교 측은 6·25 때 미군의 도움으로 그의 비석을 서울로 가지고 와서 현재 절두산 선교사 묘역에 다시 세웠다.

---

12) 1911년 구약성경 한글 번역이 완성되어 출판되었으나 성경 개역의 필요성이 대두되어 1925년 창세기를 시작으로 하여 1930년에는 구약성경 39권 중에서 17권의 개역 작업이 완료되었고, 마침내 1936년 봄에 모든 작업을 마치고 그해에 《구약전서 개역》이 발행이 되었다. 일부가 수정되어 1938년에 마무리 되었다. 1931년까지는 베어드가 주관하였고 그 이후에는 피터즈가 주관했다.

제14장 아담스 선교사

1. 들어가면서

부산에서 선교하고 있던 베어드 선교사는 1895년 12월에 대구로 올라와 선교기지로 사용할 집들을 매입하였다. 그리고 집들을 수리한 후에 1896년 4월 부인(Annie L. Adams Baird, 1864-1916, 한국명: 안애리)과 아들(Willam M. Baird, 1897-1987, 배의림)을 데리고 와서 살게 되었다. 그런데 그해 10월 서울에서 열린 선교사 연차총회에서 미국 북장로교선교부는 베어드 선교사를 서울 선교부의 교육 고문으로 전근 발령을 내었다. 베어드 선교사는 대구 선교지를 자신의 처남인 아담스 선교사(James E. Adams, 1867-1929, 한국명: 안의와)에게 물려주고 서울로 떠날 수밖에 없었다.

당시 초창기 선교사들 사이에서 회자되던 말 중에 '평양에 마펫(Samuel Austin Moffet, 1864-1939, 한국명: 마포삼열)이 있고, 서울에는 언더우드(Horae G. Underwood, 1859-1916, 한국명: 원두우)가 있다면, 대구에는 안의와가 있다!'라는 말이 있었다고 한다. 1897년 11월부터 시작된 아담스의 사역은 건강 악화로 1924년 영구 귀국할 때까지 약 23년 간 대구에서 계속되었다.[1]

2. 아담스 선교사의 출생과 성장

안의와 선교사는 1867년 5월 2일 미국 인디애나(Indiana)주 맥코이(McCoy)에서 태어났으나 일찍 아버지를 여의고 외갓집이 있는 캔사스(Kansas)주 토피카(Topeka)에서 자라났다. 그리고 1888년 캔사스(Kansas)주 워쉬번대학(Washburn College)을 졸업하고, 그 후 1년 간 존 홉킨스대학(John Hopkins University)에서 수학을 한 안의와는 1894년 맥코믹(McCormick) 신학교를 졸업하고 토피카 노회에서 목사 안수를 받았다. 그리고 당시 YWCA 간사로 일하고 있던 넬리 딕(Nellie Dick) 양과 1893년에 결혼도 하였다.

3. 안의와 선교사의 한국도착

안의와 선교사는 1895년 4월에 미국 북장로교 해외 선교부로부터 선교사 임명을 받고서 1895년 5월에 생후 3개월 된 장남 안두화를 데리고 부산을 통하여 입국하였다.[2] 부산 선교부에서 2년 정도 일하다가 1897

---

1) 이후로 James E. Adams는 '안의와'로 표기하고, Edward Adams는 '안두화'로 표기한다.
2) 생후 3개월 된 그의 아들은 후에 그의 뒤를 이어 한국선교사로서 봉사하게 되는 아담스(Edward Adams, 1895-1965, 한국명: 안두화) 선교사이다. 안두화 선교사

년 10월 2일에 만삭이 다가오는 부인(Nellie Dick)과 2년 9개월 된 아들과 임시 보모(Miss Marie Chase), 그리고 어학 선생 김재수를 데리고 배를 타고 낙동강을 따라 올라와서 11월 1일에 대구로 들어왔다.[3] 함께 한 김재수는 후일에 김기원으로 개명하고 대구 제일교회의 첫 번째 한국인 교인이 되었으며, 이후에 경북 최초의 목사가 되었다.[4]

그해 12월 25일에는 의사인 존슨 선교사(W. O. Johnson, 1869-1951, 한국명: 장인차)가 부인 에디스 파커(Edith M. Parker, 1871-1958)와 함께 합류하였다. 안의와 선교사는 베어드 선교사가 마련한 선교 처소에서 가족 4명과 존슨 선교사 가족 2명, 그리고 김재수와 함께 7명이 예배를 드렸는데, 이것이 대구 최초의 교회인 남문안교회의 시작이었다. 이렇게 시작된 남문안교회가 오늘날 현재의 대구제일교회이다. 이렇게 시작된 교회는 불과 7~8년 만에 약 800명이 넘는 교인들이 회집하기 시작하였고, 예배당을 건축하기에 이른다. 그리고 그 이후로 더 성장하여 1912년에 범어교회와 효목교회로부터 시작하여 많은 교회들이 대구제일교회로부터 분립되어 나갔고, 대구제일교회는 대구지역 선교의 장자교회가 되었다.

는 계명대학교를 세우고 초대 이사장으로 봉직하며 한국교회와 교육을 위하여 많은 일들을 하였다.
3) 70년사 편찬위원회, 《대구중앙교회 70년사》 (대구: 경북인쇄(주), 1995), 70-71.
4) 김재수는 경북 상주 낙동면 화산 출신으로 심한 종양을 앓다가 용한 서양 의사가 있다는 소문을 듣고 부산까지 찾아간 사람이다. 그는 1891년 캐나다에서 온 감리교 의료선교사 하리영(Robert A. Hardie, 1865-1949)을 만나서 병을 치료하고 하리영 선교사의 전도로 세례를 받아 베어드 선교사의 권유로 안의와 선교사의 한국어 선생이 되었다고 한다.

4. 대구 제중원 설립

대구를 중심으로 선교활동을 펴고 있던 안의와는 당시 의료시설이 낙후되어 침술로는 치료할 수 없는 환자들이 어쩔 수 없이 죽음을 맞이하게 되는 안타까운 현실을 마주하게 되었다. 또한 많은 나환자들도 만나게 되었다. 그는 미국에 있을 때 의료선교사를 원했던 의사 존슨을 동역자로 초청하였다.[5] 존슨은 1897년 성탄절에 그의 부인과 함께 대구에 도착하였다.

존슨은 우선 미국약방이라는 간판을 걸고 신약을 제공하기 시작하였다. 그리고 1899년 12월 24일 '제중원(濟衆院)[6]'을 개원해서 본격적으로 환자들을 진료하기 시작하였다. 그리고 나환자들을 위한 보호소(애락원)을 설립해서 제중원 근처 초가집에 10여 명의 환자를 수용하여 돌보기 시작했다. 이렇게 시작된 제중원이 오늘날 동산병원으로 불리고 있는 계명대학교 의과대학 부속병원이다.

5. 계성학교

대구제일교회를 세운 안의와는 대구지역의 교육에도 많은 관심을 가졌다. 그래서 1900년에 대남소학교를 시작으로 1906년 10월에는 중

---

5) 존슨은 1869년 6월 9일 미국 일리노이주 게일스버그(Gailsburg)에서 태어났다. 1891년 6월 펜실베이니아주 라파예트 대학(Lafayette College)을 졸업한 뒤 1895년 6월 펜실베이니아 의과대학(University of Pennsylvania School of Medicine)을 졸업했다. 이미 대학 시절 설교자인 드와이트 무디(Dwight Lyman Moody, 1837-1899)에게 감명받아 장차 의료선교사가 되겠다는 꿈을 품었다.
6) 당시 미국 장로회 선교부가 세운 병원은 서울, 평양 등 어느 곳에서나 제중원이라는 이름을 사용하였다.

등교육 기관인 계성학교를 세웠다. 이렇게 설립된 계성학교는 현재 계성초등학교와 계성중학교, 계성고등학교로 발전하였다. 현재 계성중학교에는 당시 1908년에 지어진 아담스관이 남아 있다. 당시에는 대구 사람들이 처음 보는 신식 건물이었기에 대구 주변의 시골에서 도시락을 가지고 올라와 구경하기도 하였다. 특히 이 건물 지하에서는 3.1 독립운동 때 독립선언문과 태극기를 제작하여 경북 전역으로 운반하여 사용하였다고 한다. 안의와가 세운 계성학교가 민족을 살리는 대구 독립운동의 뿌리가 되었던 것이다.

6. 영천 자천교회

안의와 선교사의 대구 경북 선교사역은 그 범위가 상당히 넓다. 앞서 소개한 쏘텔 선교사를 대신한 안동 선교로부터 시작해서 경북 영천, 경주, 울산에 이르기까지 넓은 경북을 대부분 헤치며 다녔다고 해도 과언이 아니다. 그중에 한 곳이 현재 경북 영천시 화북면 자천리에 위치한 영천 자천교회이다.

영천을 넘어서면 청송이 나온다. 안의와 선교사는 1898년에 영천을 거쳐 청송을 향하여 전도 여행을 가고 있었다. 그런데 청송을 앞둔 노귀재에서 한 선비를 만나게 된다. 그의 이름은 권헌중이었다. 이 선비는 경주 출신으로 일제의 탄압으로 경주를 떠나 청송에 묻혀 훈장 생활을 하며 살고 있었다. 하지만 그는 계속되는 일제의 탄압을 피해서 가산을 정리하고 가족들과 종들을 거느리고 대구를 향하여 가던 중이었다. 그런데 노귀재에서 안의와 선교사와 만난 것이다. 사람들은 외국 사람을 보며 괴물이라고 놀랐지만 권헌중은 안의와 선교사를 통하여 많은 이야기를 듣고 싶어 하였다. 이렇게 기독교 복음을 듣게 된 권헌중은 대구 행을 포기하고 영천에 초가삼간을 구입해 자리를 잡고 그 집을 예배당 겸 서당으로 사용하였다. 처음 신자는 서당에 다니는 문동들과 권헌중의 노비들이었다. 얼마 후에 그는 노비들의 문서를 다 불태우고 그들을 자유의 몸이 되게 해 주고 대신에 교회의 교인이 되게 했다.

그렇게 해서 교회가 활기를 띠며 교인이 늘어나게 되자 권헌중은 1903년에 그 자리에 목조건물로 교회를 세웠는데 이 건물이 지금도 남아 있다. 당시 주민들이 많은 반대를 하였는데 주민을 위한 면사무소를 지어주는 조건으로 간신히 교회 건물을 지을 수 있었다고 한다. 지금도 보존되고 있는 건물은 당시 전국에서 유일한 (一)자형 한옥교회였다. 당시에는 대부분 남녀칠세부동석이라고 하여 'ㄴ'자형 교회였는데 자천교회는 중간에 칸을 지른 (一)자형 교회로 지어졌다.

7. 은편교회

은편교회는 울산광역시 울주군 두동면에 속한 지역으로 언양읍에서도 깊숙한 시골로 들어가야만 하는 지역에 위치해 있다. 도로가 잘 정비된 지금에도 이 교회를 찾아가려면 한참 외곽지역의 오지로 차를 몰아가야 겨우 갈 수 있는 지역인데 이곳에 무려 1899년에 세워진 교회가 있다. 이 교회가 울산광역시에서 두 번째로 오래된 은편교회이다. 이 교회의 설립에 안의와 선교사가 있었다. 주변에 살던 김재영 씨가 쇠부리(농기구 만드는 철재료) 장사를 위해서 대구까지 왕래를 하던 중에 대구에서 안의와 선교사를 만나게 되고 그에게 전도를 받아서 예수를 믿게 되었다. 그래서 집으로 돌아온 김재영은 온 가족을 전도하고, 이웃을 전도하여 자신의 집에서 약 80m 정도 떨어진 곳에 초가 2

칸을 신축하고 1899년 12월 25일에 설립 예배를 드리게 되어 세워진 교회가 은편교회이다. 당시의 이름은 지역 이름을 따서 율림장로교회라고 불렀다.

율림장로교회는 초창기부터 열심히 전도하여 주변에 교회들을 세웠다. 안의와는 그렇게 세워진 언양지역 북부의 교회들을 방문하여 돌아보았다.[7] 여기에 대한 기록은 가까운 전읍교회의 설립에 관한 사기를 통하여 살펴볼 수가 있다.

> 울산군 전읍교회가 성립하다. 선교사 안의와 조사 서성오의 전도로 김재영 김용수 이성옥 김현가 정구만 이기행 최위백 등이 신주하고 합심하여 율림리 안안에 교회당을 건축하였더니 그 후에 대밀리에 이전하니라[8]

장로회 사기는 전읍교회의 형성에 안의와 선교사가 역할을 하였음을 밝히고 있다. 안의와 선교사가 활동하던 대구 선교부에서 언양까지는 현재 승용차로도 1시간 이상이 걸리는 먼 거리이다. 이 먼 거리를 안의와 선교사는 복음을 위해 다녔다. 안의와는 결국 그렇게 자신의 건강을 돌보지 않고 수고한 탓에 건강을 잃게 되어 1918년에 고국으로 돌아갔다.

8. 선교사 묘지

대구 동산병원 앞에는 선교사들의 묘지가 있다. 묘지 이름은 은혜

---

7) 율림장로교회는 1909년에 율림(은편)지역에 초가 15평을 매수하여 예배당을 신축하고 교회명을 은편교회로 변경하였다.
8) 《朝鮮예수敎長老會史記》, 89.

정원(Garden of Mercy)이다. 주로 대구지역에서 활동한 선교사들의 묘소가 있다. 은혜 정원의 표지판에는 이런 글이 적혀 있다.

"우리가 어둡고 가난할 때 태평양 건너 머나먼 이국에 와서 배척과 박해를 무릅쓰고 혼신을 다해 복음을 전파하고 인술을 베풀다가 삶을 마감한 선교사와 그 가족들이 여기에 고이 잠들어 있다."

은혜의 정원에 모셔진 선교사들 중에 안의와 선교사의 부인인 넬리 딕 여사의 묘소도 있다. 그녀는 3개월 된 안두화(Edward Adams)를 안고 태평양을 건너와서 대구의 여성 선교를 위하여 많은 수고를 하였다. 그녀는 대구 최초의 교회인 남문안교회(대구제일교회)에서 대구 최초로 유년주일학교를 창립하였고, 부인전도회를 만들어 다양한 여성 선교 활동을 하였다. 그러다 1909년 10월에 넷째 아이의 유산 후유증으로 43세의 나이로 하나님의 부르심을 받게 되었다. 그녀의 묘비에는 이런 글이 새겨져 있다.

"SHE IS NOT DEAD BUT SLEEPETH (그녀는 죽지 않고 잠들어 있다)."

9. 계명대학교

대구 교육을 위해 수고한 안의와 선교사의 헌신은 그 아들 선교사에게로 계속해서 이어졌다. 그래서 어머니의 품에 안겨 태평양을 건넜던 안두화가 아버지를 이어서 2대 선교사가 된 것이다. 안두화 선교사는 대구지역에 대학이 없는 것을 알고는 1954년경에 대구지역의 고등교육을 위하여 대학을 세우게 되는데, 그 학교가 현재 대명동과 달서구 신당동에 위치한 계명대학교이다.

계명기독학관으로 시작한 학교는 1956년 계명기독대학으로 개편하면서 초대학장에 켐벨 선교사(Archibald Campbell, 1890-1977, 한국명: 감부열)가 취임하였고, 2대 학장으로는 안두화 선교사가 취임하였다. 안두화 선교사는 자신의 모든 재산을 계명대학교에 헌신을 하고 1963년 미국으로 돌아가 1965년 9월 7일에 미국 오레건주 메드포드(Medford)에서 하나님의 부름을 받았다.

현재 계명대학교는 재학생이 3만여 명이며 설립 이래로 대구 경북지역의 많은 기독교 인재를 길러내어 대구 경북지역의 복음화를 위한 큰 역할을 감당하고 있다. 현재 안두화 선교사를 기리는 아담스관이 채플실로 사용이 되고 있고, 학교 박물관에 안두화 선교사의 행적에 관하여 상설 전시가 되고 있다.

10. 나가면서

안의와 선교사는 1918년 무리한 스케줄로 건강이 악화되어 미국 북장로교 한국 선교사를 사임하고 미국으로 돌아갔다. 하지만 1920년 9월에 대구에 다시 돌아와서 선교 활동을 시작했다. 그는 자신이 가진 전 재산과 주위의 후원금으로 '아담스 복음전도재단'을 설립해서 대구에 66개와 안동에 7개 교회를 개척하는 등 대구·경북 복음 전도에 죽는 순간까지 헌신적인 노력을 아끼지 않았다.

안의와 선교사는 그로부터 4년 뒤 계속된 건강 악화로 23년간 헌신한 조선 땅을 뒤로 하고 영구 귀국하여 1929년 6월 25일 캘리포니아 리

버모어(Livermore)에서 62세를 일기로 하나님의 곁으로 갔다. 그리고 그 아들 안두화 선교사가 아버지의 뒤를 이어 2대째 선교사로 계명대학교를 세우고, 자신의 모든 재산을 아버지처럼 학교에 기증을 하고 미국으로 돌아가 마지막 삶을 살다가 하나님의 품으로 갔다.

하나님이 주신 모든 것들을 하나님에게 다시 돌려 드리고 하나님 앞으로 간 아담스 선교사의 가족들을 축복한다.

제15장 말콤 펜윅 선교사

1. 들어가면서

말콤 펜윅(Malcolm Fenwick, 1863-1935, 한국명: 편위익) 선교사는 평신도로 1889년 불과 26세의 나이로 한국에 입국하여 조선침례교회를 세운 침례교 선교사이다. 그가 개척한 교회는 무려 250여 개에 이르렀고, 두만강 주변과 시베리아도 방문하여 교회를 세우기도 했다. 그 외에도 성경을 독자적으로 번역하고 찬송가를 간행하는 등 문서선교에도 힘썼던 선교사였다. 1935년 72세의 나이로 죽기까지 그는 특별한 교단이나 후원 단체의 도움 없이 독립적이며 자립적으로 선교 활동을 하였다.

2. 출생과 성장

펜윅은 1863년 캐나다 온타리오 주 마캄(Markham)에서 아취볼드 펜윅(Arckibald Fenwick, 1813-1868)의 11자녀 중에서 10번째로 태어났다. 그의 아버지는 펜윅이 다섯 살 때 죽었다. 이후로 그는 가난 때문에 정상적인 교육을 제대로 받지 못했다. 하지만 신앙이 독실한 어머니 바바라 라담(Barbara Ann Latham)으로 인해 펜윅은 어린 시절부터 교회에 다녔다. 그리고 함께 집에서 살았던 스코틀랜드 장로교 목사인 매킨토시(Donald M. McIntosh)[1]를 통해서 이상적인 목회자 상과 신앙을 배우게 되었다. 하지만 펜윅에게는 구원의 확신이 없었다.

그러던 1876년 어느 날 그는 토론토의 한 거리를 걷다가 주님을 인격적으로 만나 자신의 구원을 확신하는 체험을 하게 되었다. 그는 "너는 보잘 것 없지만 나는 그렇지 않아, 내가 너를 살리기 위해 죽었단다"고 하시는 주님의 음성을 듣게 되었고, 이로써 자신이 구원받은 것을 깨닫게 되었다고 한다. 당시 펜윅은 토론토의 한 철물점 도매업에 종사하고 있었는데 40명의 일꾼을 거느린 창고 관리인이었다.

3. 소명과 한국 도착

1889년 26세가 되던 해 펜윅은 나이아가라 사경회(Niagara Bible Conference, NBC)에서 당시 주강사였던 허드슨 테일러(James Hudson Taylor)의 강연을 듣고 난 후 선교의 소명을 가지게 되었다. 하지만 펜윅은 헤론(John W. Heron, 1856-1890, 한국명: 혜론) 박사가 한

---

1) 스코틀랜드 글래스고우의 트리니티 신학대학을 졸업한 장로교 목사이다.

국에서 과로로 병사(病死)했음에도 불구하고 감옥에 갇혀 사형을 당했다는 잘못된 소식을 듣고는 선교사의 길을 잠시 주저하였다. 하지만 그해 7월 인도에서 온 로버트 윌더(Robert P. Wilder, 1863-1938) 선교사가 "내가 비록 찌그러지고 녹슨 깡통일지라도 생명을 구하는 물을 나를 수 있었다"는 간증을 듣고는 결심하게 되었다.

한국으로 떠나는 펜윅은 제대로 된 후원단체가 없었다. 단지 몇 사람의 실업인들이 한국연합선교회를 구성한 후에 100%는 아니지만 그래도 1893년까지 재정적인 후원을 약속했다. 펜윅은 이들의 후원에 힘입어 한국행을 결심하게 되었다. 펜윅은 1889년 12월 8일 한국에 도착하였다.[2] 한국에 온 후 펜윅은 서울에서 약 10개월 간 한국어를 공부하였다. 하지만 그의 독특한 성격 때문에 어학 선생이 계속해서 바뀌고 제대로 결과가 나타나지를 않았다. 그때 소래교회를 세운 서상륜의 동생 서경조가 펜윅의 어학 선생이 되기로 하였다. 서경조는 이미 1886년에 교회가 세워져 20여 명이 모이고 있던 황해도 소래로 펜윅을 데리고 갔다. 이렇게 해서 펜윅의 사역은 사실상 소래에서부터 시작이 되었다.

4. 캐나다에서의 재교육

소래에서 그는 안대벽(安大闢)의 집에 숙소를 정하고 그 집에 마을 소년들을 모아 성경공부를 가르치기 시작했다. 그리고 이 마을에서 안씨 부인만이 글을 읽을 줄 알았기 때문에 찾아오는 여인들과 소년들에게 안씨 부인을 통해 글을 가르쳐 주기도 하였다. 펜윅은 복음을 한국인에게 전해주기 위해 찬송을 유용하게 사용하였다. 그는 찬송가를 번

---

[2] 안희열, 《말콤 펜윅》 (대전: 침례신학대학교출판부, 2010), 35.

역하면서 "할렐루야"는 번역하지 않고 그대로 사용하였다. 이것은 한국인들에게 히브리어 고유의 기쁨을 선사해 주기 위함이었다.

그렇게 소래에서 지내던 펜윅은 1893년에 다시 캐나다로 귀국하여 약 3년간 체류하였다. 펜윅이 갑자기 소래를 떠나게 된 이유는 아마 선교비의 부족 때문이었을 것으로 대부분 추측을 한다. 여하튼 펜윅은 3년간 체류하는 동안 미국의 북침례교 목사이며 부흥 전도사였던 고든(A. J. Gordon, 1836-1895) 목사가 경영하는 보스턴 선교훈련학교(The Boston Missionary Training School)에 참석했다. 펜윅 선교사가 침례교의 신앙을 갖게 된 것은 이 시기였다. 그는 1894년에 한국 선교를 좀 더 체계적으로 하기 위해서 한국순회선교회(The Corea Itinerang Mission)를 조직하기도 했다. 펜윅 선교사는 1896년 봄에 다시 한국으로 돌아왔다. 그는 3년간 캐나다에 체류하는 동안 침례교에서 목사 안수를 받았고 침례교의 신앙 노선으로 변화되어서 돌아왔다.

5. 원산 선교

다시 돌아와 보니 소래에 신자가 300명가량으로 늘어나 있었다. 소래 사람들은 펜윅에게 소래에 계속 남아서 자기들의 목사가 되어 달라고 간청을 했다. 급료를 지불하고 더 큰 집을 지어 주고 하인들을 붙여주고 전도를 돕겠다는 구체적인 지원계 획까지 약속했다. 그러나 그는 누가 와도 목회를 계속할 수 있는 소래에 대한 미련을 버리고 교회가 없는 새로운 선교지를 찾아서 나섰다. 이곳이 원산이었다. 펜윅은 최초로 원산에서 선교를 시작한 선교사가 되었다. 펜윅이 원산으로 간 이유는 아마 당시에 선교부들 간의 선교 구역 분할 때문이었던 것으로 여겨진다. 그래서 펜윅은 황해도를 떠나서 아직 아무도 찾지 않았던 원산을 스스로 찾아간 것이었다.

펜윅은 원산에서 농장을 경영하며 성경학원을 시작했다. 성경학원은 하루의 반나절은 농장에서 일하게 하고 반나절은 공부를 하도록 했다. 성경공부는 한 부분의 내용을 완전히 파악할 수 있을 때까지 계속해서 읽게 했다. 하지만 4년 뒤에는 학생과 교사들 모두가 다 떠나고 성경학원에는 아무도 남아 있지 않았다. 펜윅의 실망은 이루 말할 수 없었다. 그러나 펜윅은 원산에서 신실한 일꾼 신명균을 얻었다. 신명균은 개인 전도를 통하여 만나게 되었다. 신명균과의 만남은 펜윅의 선교 사업에 새로운 활력을 불어넣게 되었고 신명균과의 사역의 결과로 많은 교회들이 생겨나게 되었다.

6. 충청 사역

충청도에는 엘라 씽 기념선교회(The Ella Thing Memorial Mission)가 훌륭히 선교를 잘하고 있었다. 엘라 씽 기념선교회는 1895년 고든(Adoniram Judson Gordon, 1836-1895)[3] 목사가 목회를 했었던 미국 보스턴의 클라렌든(Clarendonst) 침례교회의 씽(S. B. Thing) 집사가 자신의 외동딸 엘라 씽(Ella Thing)이 죽음을 앞두고 자신에게 상속될 재산이 복음을 위해 쓰이길 소원했던 것을 기념하여 설립한 선교단체였다. 엘라 씽 기념선교회는 1차와 2차에 걸쳐 선교사들을 한국에 파송하며 선교하였고, 공주지역에 처음으로 세워졌던 공주침례교회(현

---

3) 고든은 클라렌든(Clarendonst) 침례교회 내에 1889년 10월에 보스턴선교사훈련학교(Boston Missionary Training Institute)를 설립 운영하였는데 펜윅이 한때 공부를 했다.

꿈의 교회)가 엘라 씽 파송 선교사들이 세운 교회였다.

　그런데 1901년 엘라 씽 선교회가 갑자기 선교 방향을 일본으로 전환하였다. 그래서 선교사들이 모두 본국으로 귀환하게 되면서 그동안 구축했던 모든 교회와 재산을 펜윅에게 이양을 하게 되었던 것이다. 펜윅은 신명균을 공주로 파송하여 공주침례교회를 돌보게 하였다. 그리고 1903년 2월 10일에 공주 반죽동에 성경학원을 설립하고 신명균을 원장으로 임명하였다. 이후에 대한기독교회 2대 감목이 되는 이종덕을 비롯하여 여러 명이 성경학원에 들어와 공부하게 되었고, 후에 신실한 목회자들로 세워져 갔다. 당시 공주에 세워졌던 펜윅의 성경학원은 오늘날 침례교신학대학교의 전신이 되었다.

　신명균은 여느 선교사들보다 사역을 더 훌륭히 잘하였다. 펜윅은 심지어 그가 선교사 서너 명의 몫을 하고 있다고 생각을 한 적도 있었다. 한 번은 펜윅이 신명균에게 집 수리비로 15달러를 보냈는데 나중에 보니 집수리가 되어 있지 않았다. 그 돈을 조사들의 전도비용으로 주고 자신과 가족과 학생들은 묽은 죽으로 연명하며 지냈기 때문이었다. 신명균은 이렇게 해서 무려 열두 곳에 교회를 개척하였다.

7. 교단 조직

　펜윅 선교사는 자신이 훈련하여 키운 문서 순회전도자들을 각처에 파송하며 순회 전도로 복음을 전파하여 수십 개의 교회가 생겨나자 교단 조직에 대한 필요성을 느끼기 시작했다. 1906년에 펜윅은 충남 강경에 모든 동역자와 교인들을 회집하여 '대화회'(교단 총회)를 열었다. 사도행전 2장의 신앙과 정신을 바탕으로 고린도후서 5장 19절에서 21

절의 말씀을 따라 '인류의 선결은 화목'이라는 대전제 하에 교단 총회를 대화회라는 이름으로 부르게 되었다.

첫 대화회에서는 교단 명칭을 '대한기독교회'(The Church of Christ in Corea)로 정하고 46개조의 회칙을 만들었다.[4] 그리고 신명균을 한국 최초의 목사로 안수하여 감독 목사를 펜윅이 맡고, 협동 목사에 신명균이 동역하게 되었다. 선교 구역도 설정을 하였는데, 특히 한태영 외 4인을 함경도와 간도로 파송하여 만주선교를 시작하게 되었다. 펜윅은 교단과 교회의 성격을 초교파적으로 하였으며, 신약성서적인 회중 사상은 강하였으나 모든 직분은 펜윅이 임명하였고 개교회의 자치권은 없었다. 하지만 교회의 모든 회무는 화목의 잔치였고 교인의 친교에 역점을 두게 하였다. 1914년에 펜윅은 제9회 대화회(총회)를 원산에서 개최하고 9년간 역임하여 오던 감목(총회장)직을 이종덕[5] 목사에게 위임함으로써 한국인을 제2대 감목으로 선임하였다.

8. 만주선교

펜윅은 기왕에 다른 교단의 손이 미치지 않은 곳의 개척 선교에 목표를 두고 선교의 터전을 만주, 간도, 시베리아, 몽고 지역으로 확장해 갔으며 특히 만주와 러시아 지역에서 순교의 역사를 기록하기도 하였다. 펜윅은 1906년 교단 첫 선교사로 한태영을 간도(북만주)에 파송하

---

4) 일제 강점기하에서 교단의 명칭은 몇 번 변경이 되었다. 1921년 '동아기독교회'로 바뀌었다가 1940년에는 '동아기독교'로 변경되었다.
5) 이종덕 목사는 공주성경학원에서 신학을 공부하고 원산으로 가서 펜윅 선교사에게 성경을 배우며 복음을 전하였다. 그는 기독교인이 된 지 5년 만에 1912년 목사 안수를 받았고, 2년 뒤인 1914년에 약관 30세의 나이로 침례교단의 총회장이 되었다. 후에 그는 6·25 때 교회를 지키다가 공산당에게 순교당하였다.

고, 1909년에는 시베리아 선교를 위해서 최성업을 파송했다. 1915년에는 대화회에서 만주 임강현, 집안현, 통화현을 새로운 선교지로 설정해서 전도사역자를 보내기도 했다. 1918년에는 시베리아 선교 중 박노기 목사를 비롯한 교계 지도자들이 순교하기도 했으며, 1921년에는 만주 선교사인 손상열 목사가 일제의 총탄에 순교당하였다.

이러한 헌신과 노력으로 1945년 해방이 되기 전까지 만주지역의 교세는 무려 250여 개의 교회가 있었다고 한다. 하지만 해방이 되고 난 후에는 40여 개로 줄어들었다. 남북의 분단으로 말미암아 계속해서 제대로 선교를 할 수가 없었기에 빚어진 결과였을 것이다.

9. 문서선교

펜윅은 제대로 정상적인 교육을 받은 사람은 아니었다. 그러나 하나님이 주신 지혜는 탁월하였다. 그는 한국에 도착한 지 2년만인 1891년 한글과 한자를 병용한 번역본인 '요한복음전'을 번역하였다. 특히 그 번역본은 선비나 상류층을 대상으로 한 번역이 아니었다. 서민층을 대상으로 한 번역이었다. 그래서 당시 언문이라고 불리던 한글을 함께 넣어 번역하였다. 사실 오늘날에도 전문 번역가가 선교지 현지 언어로 2년 안에 성경을 번역하여 내기는 어려운 일이다. 그런데 펜윅은 2년 만에 혼자서 성경을 번역했던 것이다. 그리고 1919년에는 신약 전체를 번역한 '원산번역'을 내었다. 독자적으로 번역한 펜윅의 원산번역은 지금도 신학자들에게 놀라움을 주고 있다.

펜윅은 선교 초기에 독자적으로 찬송가책 「복음찬미」를 발행하여 선교에 사용하였다. 그것도 조선땅을 밟은 지 불과 일 년 만의 일이었다. 펜윅은 1890년에 제일 먼저 "쥬님 날 스랑흠을"(Jesus Loves Me), "하느님 아바지 주신 칙에"(I Am so Glad That Our Father in Heaven) 등 찬송들을 번역하여 선교의 도구로 사용하기 시작했다. 그로부터 정확히 10년 후에 펜윅은 14곡을 모아 「복음찬미」(1899) 초판을 발행하였으며, 1935년 그가 소천하기까지 5~8년을 간격으로 무려 7차례에 걸쳐서 「복음찬미」를 증보하여 발행하였다.

10. 복음의 놀라운 부흥

한 번은 여덟 사람이 성경을 배우러 80km나 되는 길을 걸어 왔다고 한다. 펜윅은 이들 중 여섯 명에게 세례를 주었는데 그들이 이렇게 말했다. "저희 고향 주변에 신자가 한 사람도 살지 않는 마을이 100군데가 넘습니다. 저희들이 그들에게 복음을 전할 수 있도록 도와주시지 않겠습니까?" 재정이 넉넉지 않았던 펜윅은 재정 대신에 성경을 팔도록 대주겠다고 했다. 그러면 한 달에 약 1달러 정도의 비용을 마련할 수 있을 것이라고 생각한 것이다. 그러자 그들은 성경을 받아서 기쁨으로 돌아갔고, 성경을 팔아서 얼마 후에 3곳에 교회를 새로이 설립하였다.

또 한 번은 한 할아버지 교인이 자신이 다니는 교회가 예배당을 짓다가 돈이 모자라서 지붕을 얹지 못하고 있기에 보다 못하여 자신의 하나밖에 없는 소를 팔아서 예배당을 완공했다고 한다. 그래서 소가 없는 할아버지는 손으로 쟁기질을 하는데 큰 고생을 하고 있었다. 펜윅은 이런 모습 속에서 선교의 토착화를 보게 되었다. 결국 한국교회는 조선인들 스스로가 숭고한 희생들로 교회들을 세워갔던 것이다.

11. 펜윅, 하나님 앞으로 가다.

펜윅 선교사는 46년간 한국선교를 계속한 후 72세를 일기로 1935년 12월 6일, 한국 땅을 밟은 지 45주년이 되는 날을 이틀 앞두고 함경도 원산의 선교본부 자택에서 하나님의 부름을 받았다.

그는 유언하기를 무덤을 평장으로 해 달라고 하였다. 그 이유는 자칫 무덤이 높아 교만스럽게 보일까 염려되었기 때문이었다. 그래서 펜윅 선교사는 평장으로 장례를 치렀다. 펜윅 선교사는 자립 선교사였고, 토착화 선교를 이룬 선교사였다. 그리고 오늘날의 한국침례교라는 교단의 기틀을 마련한 선교사였다. 펜윅은 한국다운 선교의 모델을 마련하고자 힘쓴 훌륭한 목회자였다.

선교사 열전

지은이   윤은수
펴낸이   정덕주
발행일   2020. 8. 31
펴낸곳   한들출판사
　　　　 서울시 종로구 대학로 19(기독교회관 1012호)
　　　　 등록 제2-1470호. 1992년
홈페이지 www.handl.co.kr
전자우편 handl2006@hanmail.net
전화   편집부 02-741-4069
　　　　 영업부 02-741-4070
ISBN   89-8349-776-5 93230

이 도서의 국립중앙도서관 출판예정도서목록(CIP)은 서지정보유통지원시스템 홈페이지(http://seoji.nl.go.kr)와 국가자료종합목록 구축시스템(http://kolis-net.nl.go.kr)에서 이용하실 수 있습니다. (CIP제어번호 : CIP2020036509)